Julian Nida-Rümelin
Philosophie einer humanen Bildung

Julian Nida-Rümelin

# Philosophie einer humanen Bildung

edition Körber-STIFTUNG

Bibliografische Information der Deutschen Nationalbibliothek

Die Deutsche Nationalbibliothek verzeichnet diese Publikation
in der Deutschen Nationalbibliografie; detaillierte bibliografische
Daten sind im Internet über http://dnb.d-nb.de abrufbar.


© edition Körber-Stiftung, Hamburg 2013
Umschlag: Groothuis, Lohfert, Consorten | glcons.de
Coverfoto: Albright-Knox Art Gallery / CORBIS
Herstellung: Das Herstellungsbüro, Hamburg |
buch-herstellungsbuero.de
Druck und Bindung: CPI – Clausen & Bosse, Leck
Printed in Germany

ISBN 978-3-89684-096-7

www.edition-koerber-stiftung.de

# Inhalt

# Vorwort

Dieses Buch ist in kurzer Frist, in den Sommerwochen 2012, entstanden, aber es hat eine lange Vorgeschichte. Seine Inhalte sind über die Jahre gereift, bevor sie in kompakter und – wie ich hoffe – lesbarer Form präsentiert werden konnten.

Das Buch wendet sich an alle, die mit Bildung zu tun haben und die bei den aktuellen Bildungsreformen eine überzeugende kulturelle Leitidee vermissen.

Es will Orientierung geben, indem es einen Zusammenhang wiederherstellt, der verloren gegangen ist, nämlich den zwischen Philosophie und Bildungspraxis. Dies erfolgt auch im Rückgriff auf zentrale Einsichten des deutschen Humanisten Wilhelm von Humboldt und des amerikanischen Pragmatisten John Dewey, im Wesentlichen aber handelt es sich um ein bildungsphilosophisches Kondensat meiner im Laufe der Jahre entwickelten Konzeption vernünftiger und humaner menschlicher Praxis, um eine Philosophie humaner Bildung.

Ich danke den Studierenden meiner Lehrveranstaltungen in der Philosophie und am Geschwister-Scholl-Institut für Politikwissenschaft der Ludwig-Maximilians-

Universität München und den Teilnehmern meiner Meisterkurse an der Humboldt-Universität zu Berlin für intensiven Gedankenaustausch, Korrekturen und Anregungen. Ich habe in den vergangenen Jahren aber auch immer wieder die Gelegenheit gehabt, in Vorträgen an Akademien und Schulen, vor Lehrerverbänden und Kulturinstitutionen meine Vorstellungen zur Diskussion zu stellen. Ich habe daraus den Eindruck gewonnen, dass hektische Betriebsamkeit, Konkurrenz und Reformeifer die Unsicherheit und Ratlosigkeit nicht verdecken können, die viele Menschen – nicht nur in unserem Land – erfasst hat: Um was geht es eigentlich? Welches Menschenbild liegt unseren Bemühungen zugrunde? Was ist Bildung und welche Rolle spielt dabei die Persönlichkeitsentwicklung? Um welches Wissen und welche Fähigkeiten sollte es uns gehen? Welchen Zusammenhang gibt es zwischen Bildung und Gerechtigkeit? Auf solche Fragen versucht dieses Buch Antworten zu geben. Im Mittelpunkt steht dabei die Idee der Einheit – der Person, des Wissens und der Gesellschaft.

Ein besonderer Dank geht an meine langjährige Mitarbeiterin Birgit Schnell für Recherchen und Redaktion sowie an die Körber-Stiftung – dort besonders an Matthias Mayer und Bernd Martin –, die dieses Buchprojekt unter ihre Fittiche genommen hat und es mit Veranstaltungen begleiten wird.

München, im Dezember 2012
*Julian Nida-Rümelin*

# Einführung

Deutschland, aber auch andere westliche Länder, versuchen seit vielen Jahren ihre Bildungssysteme zu reformieren. Das Ergebnis ist bislang enttäuschend. Dies hängt nicht nur damit zusammen, dass sich starke politische Kräfte wechselseitig blockieren, sondern hat tiefere Ursachen. Bildung hatte in den vergangenen Jahrzehnten politisch und gesellschaftlich keine hohe Priorität. Die politische Öffentlichkeit in Deutschland hielt die eigenen Bildungsanstrengungen für ausreichend und hatte nach den Jahren des Emanzipationsdiskurses kein Interesse an inhaltlichen Fragen. In den 1960er und 1970er Jahren hatte zwar eine Expansion stattgefunden und es waren die Voraussetzungen dafür geschaffen worden, über höhere Bildungsabschlüsse den sozialen Aufstieg zu ermöglichen. Deutschland war dabei sogar besonders erfolgreich. Nirgendwo in Europa war es in diesen Jahrzehnten so gut möglich wie in Deutschland, über Bildungsanstrengungen den sozialen Aufstieg zu organisieren. Aber seitdem erstarren die sozialen Verhältnisse wieder. Die typischen Familienbiographien der Nachkriegszeit, die Geschichten vom Aufstieg aus kleinen und kleinsten Verhältnissen in die (unteren und mittleren) Mittelschichten, die Verbürgerlichung der Kinder und Kindeskinder von Arbeitern und Bauern in drei oder vier Generationenschritten wurden nicht verallgemeinert und nicht verlängert. Der allgemeine Aufstieg durch Bildung scheint nun angesichts stagnierender Reallöhne und einer eher schrumpfenden als sich vergrößernden Mittelschicht dem Großteil der Bevölkerung verschlossen. Das Festhalten der Konservativen am mehrgliedrigen Schulsystem und die Streichung des BAföG in der Regierungszeit Helmut Kohls führten sogar gegenläufig zu einem deutlichen Rückgang von Kindern aus Arbeiterfamilien an den Hochschulen und verstärkten den Selektionsdruck, der in den Jahren der Expansion zeitweise gemildert war.[1]

Aufgerüttelt wurde die deutsche Öffentlichkeit durch das PISA-Ergebnis, wonach Deutschland, entgegen dem öffentlichen Bild, im internationalen Vergleich allenfalls im unteren Mittelfeld rangierte. Auch die graduelle Verbesserung in den Folgestudien konnte den Schock, um nicht zu sagen, die Schockstarre, die dieser Befund ausgelöst hatte, kaum mildern. Die Rahmenbedingungen sind seit Jahrzehnten unverändert. Zu große Klassen, Dominanz des Frontalunterrichts, Disziplinierung und Normierung statt Kreativitätsförderung, Selektionsdruck statt Gleichwertigkeit in der Vielfalt. Die Form,

---

1 Vgl. Steffen Schindler, *Aufstiegsangst? Eine Studie zur sozialen Ungleichheit im historischen Zeitverlauf*, Düsseldorf (2012).

die Inhalte und die Testverfahren an den Schulen haben nur einen kleinen Ausschnitt der Persönlichkeitsentwicklung von Kindern und Jugendlichen im Blick. Unser Bildungssystem hat nicht nur eine kognitive Schlagseite und berücksichtigt die physische, soziale, ethische und ästhetische Dimension der Persönlichkeitsentwicklung allenfalls am Rande, sondern hat zudem die Tendenz, das als Wissen Abfragbare anstatt die eigenständige Urteilskraft, die kreative Lösungsfindung, den Wissenstransfer und die Einheit der Welterkenntnis in den Mittelpunkt zu stellen.

Recht erfolgreich ist das Schulwesen in der Vermittlung von Zivilisationstechniken, die für alle unverzichtbar sind, wie Schreiben, Rechnen, Lesen. Aber auch in diesem Bereich sind die Unterschiede innerhalb einer Altersgruppe und die Tatsache, dass ein beträchtlicher Teil der Kinder und Jugendlichen an der Aneignung dieser Zivilisationstechniken scheitert, völlig inakzeptabel. Nach Jahrzehnten des jedenfalls postulierten Bemühens um Inklusion, um die Einbeziehung möglichst aller, unterscheidet sich die heutige Bildungssituation von derjenigen vor Jahrzehnten in dieser Hinsicht allenfalls in Details, nicht im generellen Befund.

Die Reformanstrengungen seit PISA[2] und Bologna[3], die

---

2 Vgl. Eckhard Klieme et al., *PISA 2009. Bilanz nach einem Jahrzehnt*, Münster (2010).

3 Vgl. Bundesministerium für Bildung und Forschung (BMBF), *Bachelor-Studierende. Erfahrungen in Studium und Lehre*, Berlin (2009).

Veränderungen an den Schulen und an den Hochschulen erreichen die selbst gesetzten Ziele nicht und – was mir schlimmer erscheint – sie sind nicht von einer kulturellen Leitidee getragen, wie die großen Bildungsreformen der Vergangenheit. Der Notanker der *employability*, der Fähigkeit, nach dem Schul- oder Hochschulabschluss eine Beschäftigung zu finden, ist dafür kein Ersatz. Die Bildungskrise, mit der wir nicht nur in Deutschland konfrontiert sind, hat eine Oberflächen- und eine Tiefendimension. An der Oberfläche zeigt sich diese Krise darin, dass die selbst gesetzten Ziele der aktuellen Reformbemühungen nun hartnäckig seit vielen Jahren verfehlt werden. In der Tiefe aber liegen die eigentlichen Ursachen der Misere: Diese Reformbemühungen lassen keine Idee einer humanen Persönlichkeitsentwicklung erkennen. Die Bildungsreformen der Vergangenheit hatten eine anthropologische und philosophische Fundierung. Die aktuellen ersetzen das fehlende Fundament durch ökonomisch motivierte Erwartungen. Während erfolgreiche Bildungsreformen der Vergangenheit das durchgängige Charakteristikum aufwiesen, die Bildungsanstrengungen von unmittelbaren Verwertungsinteressen abzukoppeln, scheint es zur *hidden agenda* geworden zu sein, diesen Prozess umzukehren. Das kann nach aller historischen Erfahrung nicht gut gehen.

An dieser Stelle setzt dieses Buch an: Es geht mir nicht um Strukturfragen oder gar um politische Positionsgewinne, sondern um die fehlende kulturelle Leitidee von Bildungspolitik und Bildungspraxis. Gegenstand dieses Buches sind daher die philosophischen Leitideen einer humanen Bildung. Manche dieser Leitideen sind alt oder sogar sehr alt. Deswegen allein sind sie aber noch nicht obsolet. Vielleicht ist das der größte Irrtum, dem ein Gutteil der Bildungspolitik gegenwärtig unterliegt, nämlich zu glauben, dass man ohne allen philosophischen Ballast auskommen könne, dass nicht nur Platon und Aristoteles, Rousseau und Kant, sondern auch Humboldt und Dewey nur mehr von historischem Interesse seien. Ich plädiere dagegen für eine Erneuerung des Humanismus als Grundlage aller Bildungspraxis und Bildungspolitik. Ein Humanismus, der die Einseitigkeiten des Deutschen Idealismus überwunden hat, der die philosophischen Impulse der Gegenwart aufnimmt und die verschüttete Einheit mit dem klassischen und zeitgenössischen Pragmatismus (wieder)herstellt. Ein Humanismus, der sich nicht scheut, die Frage, was denn genuin menschlich sei, zu stellen.

Wenn wir anthropologische Fragen ausklammern, also die Frage nach dem, was eigentlich menschlich sei, aus Sorge, diese Frage sei wissenschaftlich nicht zu beantworten, betrügen wir uns selbst. Unsere gesamte Praxis, jedes politische Projekt, jede Bildungsanstrengung, jeder Streit um Gerechtigkeit, jede Kritik und jede Zustimmung ist eine Antwort auf die Frage nach dem, was menschliche Existenz ausmacht und ausmachen sollte. Die Anthropologie als philosophische Disziplin ist vielen suspekt. Das hat gute Gründe. Es gibt eine Tradition konservativen Denkens, wonach das Menschliche, das, was dem Menschen zukommt, das, was seine Pflichten und Rechte ausmacht, zweifelsfrei festgestellt werden kann und sich daraus Ethik und Politik ableiten lasse. Die These, etwas sei dem Menschen nicht gemäß, wird dann zur Waffe im Streit der Ideologien. Die eigenen moralischen und politischen Wertungen werden so leicht in eine vermeintlich unveränderliche menschliche Natur hineinprojiziert, um sie von dort wieder herleiten zu können. Eine Anthropologie, wie ich sie verstehe und wie sie für dieses Buch Leitschnur ist, versteht sich jedoch als ein Beitrag zum normativen Selbstverständnis unserer geteilten Praxis, unserer Kultur, unserer Gesellschaft, unserer Politik. Wir tauschen Gründe aus, wir verständigen uns in Hinblick auf das, was wir für human halten. Wir stellen nicht lediglich fest, was unsere jeweilige Praxis ausmacht, sondern wir versuchen zu klären, was sie human macht, wie sie gestaltet sein sollte. Eine so verstandene normative und diskursive Anthropologie ist für eine schlüssige und humane Bildungspraxis eine unverzichtbare Orientierung.

Der erste Teil des Buches befasst sich entsprechend mit den anthropologischen **Grundlagen humaner Bildung** in drei Kapiteln: Das erste erörtert die anthropologische Dimension, das zweite stellt die zentralen Elemente humanistischer Philosophie vor, das dritte diskutiert drei Aspekte humaner, selbstbestimmter Praxis: Rationalität, Freiheit, Verantwortung.

Der zweite Teil entwickelt das **Bildungsziel humaner Vernunft** in drei Kapiteln: Das erste plädiert für die Einheit der Vernunft, das zweite analysiert den Begriff und die Rolle von Verständigung und das dritte erörtert, welches Wissen für die Persönlichkeitsbildung relevant ist.

Der dritte Teil entwickelt das **Bildungsziel einer humanen Praxis** in drei Kapiteln: Das erste befasst sich mit der Rolle der Tugenden für einen erneuerten Bildungs-Humanismus, das zweite mit den modernen Werten der Emanzipation, Inklusion und der Demokratie und das dritte postuliert resümierend drei Prinzipien einer humanen Bildungspraxis – die Einheit der Person, die Einheit des Wissens und die Einheit der Gesellschaft.

Ziel dieses Buches ist es, *bildungsphilosophisch* Orientierung zu geben, nicht im Detail *bildungspolitisch* Stellung zu nehmen. Die konkreten bildungspraktischen Schlussfolgerungen lassen sich nur in interdisziplinärer und politischer Kooperation ziehen, im Austausch mit empirischen Bildungsforschern und Bildungspraktikern an Schulen und Hochschulen, mit Ministerien, mit Stiftungen, mit den Bildungsorganisationen der Zivilgesellschaft, vor allem aber mit den Betroffenen, den Kindern und Jugendlichen, ihren Eltern und Lehrern.

Die Zeit ist günstig für eine grundlegende Bildungsreform. Die deutsche Halbtagsschule wird bald der Vergangenheit angehören. Sie zementiert ein Geschlechterverhältnis, das keine Zukunft hat, das schon heute nicht mehr dem Lebensgefühl und der Lebenspraxis jüngerer Generationen entspricht. Frauen sind auf allen Stufen des Bildungsweges mindestens so qualifiziert wie Männer. Die deutsche Halbtags-Kita und die deutsche Halbtagsschule zwingen Paare zu einer Entscheidung, die wir uns in Zukunft ersparen sollten. Meist bleiben die Frauen zu Hause oder reduzieren ihre Arbeitszeit, um sich um Kinder und Haushalt zu kümmern. Die Erwerbsbiographie ist damit dauerhaft beschädigt, der Wiedereinstieg erfolgt in der Regel auf einem niedrigeren Niveau, als es den Fähigkeiten und den Qualifikationen der Frauen angemessen wäre. Deutschland hält in dieser Hinsicht einen traurigen Rekord inne. Es wäre allzu vordergründig, aus dieser Benachteiligung der Frauen auf ein männliches Privileg zu schließen. Der Druck des Allein- oder Überwiegendernährers der Familien belastet auch die Männer, koppelt sie von der Entwicklung ihrer Kinder ab und entfremdet die Lebenspartner oft genug voneinander. Auch die deutlich niedrigere Lebenserwartung von Männern in westlichen Industriegesellschaften spricht dagegen, die traditionellen Differenzen der Lebensform für einen männlichen Vorteil zu halten. Die partnerschaftliche Familie der Zukunft macht ein staatlich garantiertes und gestaltetes Ganztags-Bildungswesen erforderlich. Dies wird der neue Normalfall sein: Mütter und Väter in Vollzeit, die Kinder ganztags in Bildungseinrichtungen, keine Kritik an Müttern mit zwei, drei oder auch vier Kindern mehr, die weiter Vollzeit arbeiten. In dieser Hinsicht ist unser westlicher Nachbar Frankreich ein Vorbild. Es ist im Übrigen auch das einzige Land in Europa mit einer ausreichenden Kinderzahl, um die Demographie in etwa konstant zu halten. In anderer Hinsicht ist es kein Vorteil: Die Bildungsinhalte in den staatlichen französischen Bildungseinrichtungen entsprechen in etwa denen der deutschen Halbtagsschule, nun ausgedehnt auf den ganzen Tag, mit etwas mehr Leistungsdruck und etwas mehr Frontalunterricht. Das kann es nicht sein. Wir müssen diesen anstehenden Epochenbruch zu einer neuen partnerschaftlichen Familie für eine Humanisierung der Bildung insgesamt nutzen. Die Ganztagsbildung ermöglicht es, endlich die ganze Person in den Blick zu nehmen, mit ihren kognitiven, aber auch mit ihren ästhetischen, ethischen und physischen Fähigkeiten und Bedürfnissen. Dieser Grundriss einer Philosophie humaner Bildung will dazu einen Beitrag leisten.

**Erster Teil**

## Grundlagen humaner Bildung

Kapitel I

# Anthropologie

>»Um zugleich den Menschen mit Genauigkeit zu kennen,
wie er ist, und mit Freiheit zu beurtheilen, wozu er sich
entwickeln kann, müssen der praktische Beobachtungs-
sinn und der philosophirende Geist gemeinschaftlich
thätig sein.«[4]

Jede Bildungsanstrengung offenbart ein Menschenbild,
unabhängig davon, ob dies den Akteuren bewusst ist.
Die individuelle Bildungsanstrengung offenbart eine
Vorstellung dessen, wer diese Person sein will. Die politische Bildungsanstrengung offenbart eine Vorstellung
dessen, was die politische Gemeinschaft für wünschenswert erachtet, welche Persönlichkeitsmerkmale sie be-
vorzugt, welche Fähigkeiten sie entwickeln möchte und
welche Fertigkeiten sie für unverzichtbar hält. Bildung
hat eine anthropologische Dimension. Mit dieser wollen
wir uns in diesem ersten Kapitel auseinandersetzen.

---

4  Wilhelm von Humboldt, *Plan einer vergleichenden Anthropologie*
   (1797).

# 1. Kritik der Anthropologie

Als philosophische Disziplin scheint die Anthropologie heute kaum noch eine Rolle zu spielen. Die Ursachen für diesen Niedergang der philosophischen Anthropologie liegen in bestimmten Fehlentwicklungen begründet, auf die ich hier nicht eingehen möchte, weil es uns zu weit in die Philosophiegeschichte führen würde. Dennoch sind zwei Aspekte dieses Niedergangs für unsere Argumentation relevant.

Das ist zum einen die begründende, fundamentale Rolle, die der Anthropologie in der philosophischen Tradition zugedacht wurde. Jede Ethik, jede politische Philosophie und jede Rechts- und Sozialphilosophie bedarf eines anthropologischen Fundaments, von dem ausgehend die Kriterien richtigen Handelns, angemessener sozialer Praxis, des Rechts und der politischen Ordnung zu bestimmen sind. Die Anthropologie trägt nach diesem Verständnis die ganze Begründungslast. Aus anthropologischen Postulaten folgen ethische, rechtliche und politische. Dieses Theorieverständnis kann man als im Wortsinne »fundamentalistisch« bezeichnen: Es wird ein (anthropologisches) Fundament gelegt, auf dem dann der Rest der Theorie errichtet wird. Ja, mehr noch: Mit der Wahl des Fundaments wird der Inhalt der Theorie bestimmt. Alles hängt an diesen anthropologischen Vorannahmen.

Die Problematik dieses anthropologischen Fundamentalismus liegt darin, dass keineswegs klar ist, in welcher Weise über die Richtigkeit oder die Falschheit eines Menschenbildes rational diskutiert werden kann. Die gesamte Tradition des Naturrechts, des von Natur Rechten, die bis heute z.B. eine wichtige Rolle für die katholische Sexualmoral spielt, krankt an diesem ungeklärten Fundament. Wenn die lebenslange Verbindung von Frau und Mann zur Natur des Menschen gehört, dann ist alles andere, Partnerwechsel, Polygamie, Homosexualität widernatürlich, ja möglicherweise sogar sündhaft. Faktisch ist ein Teil der Menschen homosexuell, vermutlich war das zu allen Zeiten und in allen Kulturen so. Faktisch lebt ein Teil der Menschheit in polygamen Verhältnissen. Was rechtfertigt das Urteil, dies sei unnatürlich? Eine Möglichkeit, diese Frage zu beantworten, besteht darin, auf die Biologie und ihre Gesetze zu verweisen. Arten können sich nur erhalten, wenn sie sich fortpflanzen. Die Darwin'sche Formel *survival of the fittest* ist genau besehen nichts anderes als die Feststellung, dass sich diejenigen genetischen Merkmale im Laufe der Zeit durchsetzen bzw. zu Lasten anderer ausbreiten, deren Träger mehr Nachkommen hervorbringen als die Träger anderer genetischer Merkmale. Man könnte daraus folgern, dass es zur Menschennatur als einer biologischen Spezies gehört, so viele Kinder wie möglich in die Welt zu setzen und dafür zu sorgen, dass diese bis ins fortpflanzungsfähige Alter kommen. Verhütung ist demnach unnatürlich, weil wider die biologische Menschennatur. Das Unbehagen, welches die meisten bei dieser Art von Argumentation verspüren, ist nicht nur inhaltlichen Ergebnissen geschuldet. Es ist vielmehr auch die Form der Argumentation, die irritiert.

Es scheint, dass sich der Inhalt der Theorie, nämlich das Plädoyer für Monogamie oder die Ermahnung, keine Verhütungsmittel zu gebrauchen, nicht als besondere Form der Sexualmoral präsentiert, sondern als rationale Konsequenz einer natürlichen Tatsache. Dieses Unbehagen ist gewissermaßen ein methodisches: So kann man eine Norm der Sexualmoral nicht rechtfertigen. Was immer man als moralisches Postulat gewinnen möchte, eine dazu passende anthropologische These lässt sich schon finden. Die ethische (oder allgemeiner: normative) Begründung wird überflüssig, weil sich das jeweilige Postulat aus bestimmten anthropologischen Fakten herleiten lässt.

Der zweite Aspekt des Niedergangs der philosophischen Anthropologie, der für unsere Argumentation relevant ist, betrifft die Willkürlichkeit anthropologischer Annahmen. Der Mensch ist als einzige Spezies in der Lage, eine komplexe Sprache zu sprechen. Also sollte er diese Fähigkeit in besonderer Weise entwickeln. Der Mensch ist als eine der wenigen Spezies in der Lage, Artgenossen zu töten. Sollte er diese Fähigkeit also zur vollen Entfaltung bringen? Der Mensch ist in der Lage, im Gegensatz zu fast allen anderen höheren Säugetieren, Mitleid zu empfinden. Daher sollte dies die Basis einer angemessenen menschlichen Moral sein? Viele Tiere, besonders Raubtiere, fügen anderen Tieren große Schmerzen zu. Aber sadistische Gefühle, das gezielte Quälen anderer Individuen zur eigenen Befriedigung, scheinen eine Besonderheit der menschlichen Spezies zu sein. Kann man daraus ableiten, dass diese besondere

Fähigkeit förderungswürdig ist? Dass es widernatürlich wäre, in der Erziehung darauf zu achten, dass sadistische Gefühle unterdrückt werden?

Es ist aber nicht nur die Willkürlichkeit der Auswahl anthropologischer Merkmale des Menschen, sondern auch die Unterbestimmtheit der menschlichen Natur, die unser Unbehagen ausmacht. Der Mensch erscheint als das von Natur am wenigsten determinierte Lebewesen. Seine Lebensform variiert stärker als die anderer biologischer Spezies. Was ist von Natur und was ist vom Menschen selbst bestimmt, sei es individuell oder kollektiv, durch Entscheidungen oder durch kulturelle Prozesse? In der griechischen Klassik wurde dies unter der Entgegensetzung von *physei* (von Natur) und *nomo* (durch [menschliche] Setzung) diskutiert. Diese Auseinandersetzung betraf die gerechte Ordnung der Polis, des Stadtstaates. Aristoteles hatte in einer Untersuchung unterschiedlicher Verfassungen von Stadtstaaten viel Material zusammengetragen, das die Variabilität politischen Zusammenlebens illustrierte. Er war der Auffassung, dass das Leben in der Stadt von Natur sei, ebenso wie die Ordnung des Haushalts, des *oikos* (gr.: οἶκος), die auf Herrschaftsformen von Natur, die des Mannes über die Frau, die der Freien über die Sklaven und die der Eltern über die Kinder, beruhe.[5] Zwei dieser drei vermeintlichen Herrschaftsformen von Natur, die Aristoteles postulierte, erscheinen uns heute als eine willkürliche kulturel-

---

5  Vgl. Aristoteles, *Politik*.

le und normative Setzung. Die Unterordnung der Frau ist keineswegs naturgegeben, sondern ein Spezifikum vieler historischer Kulturen. Diese antike Auseinandersetzung war auch darauf gerichtet zu prüfen, was überhaupt ein möglicher Gegenstand der Kritik sein könnte. Was von Natur ist, ist vorgegeben. Und es wäre irrational, dieses zu kritisieren. Was menschliche Setzung ist, bedarf dagegen der Rechtfertigung, ist dem Gegenargument ausgesetzt und ist eben ein möglicher Gegenstand der Kritik. Die Tatsache, dass Frauen in den griechischen Stadtstaaten der Klassik nicht gleichberechtigt waren, galt als jeder Kritik entzogen, da vermeintlich von Natur. Dieses Beispiel lehrt unsere Skepsis gegenüber jeder Form der anthropologischen Begründung, sei es der individuellen Moral oder der politischen Ordnung. Es gibt Gesellschaften, in denen die Gleichberechtigung von Mann und Frau weitgehend realisiert ist. Diese sind offenkundig nicht unvereinbar mit der menschlichen Natur. Die Unterordnung der Frauen ist keine anthropologische Konstante. Sie ist nicht von Natur.

Generell galt die Idee gleicher menschlicher Rechte, die machtvolle liberale Menschenrechtstradition, bei konservativen Denkern von jeher als widernatürlich. Gleiche menschliche Rechte widersprächen der Natur des Menschen. Von daher sei auch die Demokratie eine widernatürliche Ordnung, da sie auf gleichen Rechten, auf Menschenrechten beruhe. Lange Zeit haben sich die Kirchen, zumal die katholische, schwergetan, die Demokratie als legitime Staatsform zu akzeptieren, und das zentrale Gegenargument war gerade dies: die Widernatürlichkeit gleicher individueller Rechte. Von Natur gäbe es ein Oben und Unten, von Natur gäbe es Unterschiede zwischen den Menschen, die ihre Gleichberechtigung widernatürlich erscheinen lassen. Von Natur gäbe es keine Gleichberechtigung von Mann und Frau, dies widerspräche zudem dem christlichen Menschenbild. Erst mit dem Zweiten Vatikanischen Konzil wird die Demokratie als legitime Staatsform von der katholischen Kirche offiziell akzeptiert.[6] Die Bezugnahme auf die menschliche Natur diente in der Geschichte des menschlichen Denkens häufig dazu, die eigenen (normativen) Überzeugungen der Kritik zu entziehen. Meist, aber nicht immer, hat das anthropologische Argument zudem eine konservative Tendenz. Schließlich gilt es, das immer Gleiche, das allen kulturellen und historischen Veränderungen Entzogene zu betonen und damit eine statische Moral oder politische Theorie zu begründen. Die Bezugnahme auf die menschliche Natur scheint es unnötig zu machen, sich auf die jeweilige kulturelle Situation einzulassen, die aktuellen Überzeugungen, Einstellungen und Empfindungen ernst zu nehmen und Veränderungen zu akzeptieren.

---

6  Zweites Vatikanisches Konzil vom 11. Oktober 1962 bis 8. Dezember 1965. Die These von der kulturellen Einheit von Christentum und Demokratie kann jedenfalls in historischer Perspektive nicht aufrechterhalten werden. Die aktuellen Schwierigkeiten, die der muslimische Klerus und viele muslimische Gläubige mit Demokratie und Gleichberechtigung von Mann und Frau haben, ähneln durchaus den Schwierigkeiten, die ein Gutteil des christlichen Klerus und viele christliche Gläubige mit der Idee der Menschenrechte und der Gleichberechtigung von Mann und Frau bis vor 50 Jahren noch hatten.

## 2. Anthropologie und Bildung

Die Kritik der Anthropologie des vorausgegangenen Kapitels beruht auf zwei Einwänden: Der erste war eher methodischer Natur, er kritisierte die Rolle der Anthropologie als Fundament, aus dem sich der Rest der normativen Theorie, sei es in der Ethik, der Politik oder der Jurisprudenz[7], ableiten lasse. Der zweite Einwand beruhte auf der Unterbestimmtheit der menschlichen Natur. Offenbar sind ganz unterschiedliche Lebensformen mit der natürlichen Ausstattung des Menschen verträglich. Schon von daher ist es zweifelhaft, ob aus der Natur des Menschen etwas normativ Substanzielles abgeleitet werden kann.

Diese beiden Einwände sollen in diesem zweiten Kapitel nicht zurückgenommen oder auch nur relativiert werden. Dennoch beginnen wir mit der Feststellung, dass es keine Bildungsanstrengung geben kann ohne ein Menschenbild, auf welches sich diese bezieht – sei es explizit (bewusst und möglicherweise auch formuliert), sei es implizit (unbewusst und indirekt). Selbst sprachgeschichtlich scheint es hier einen unauflöslichen Zusammenhang zu geben. *Bildung* ist ein Termi-

---

7 Immerhin ist eine starke Fraktion der Rechtstheoretiker davon überzeugt, dass der erste Artikel des Grundgesetzes, Abs. 1: »*Die Würde des Menschen ist unantastbar*«, den gesamten normativen Gehalt der Verfassung und der verfassungskonformen Gesetzgebung enthalte. Vgl. Julian Nida-Rümelin, *Über menschliche Freiheit*, Stuttgart (2005), Kapitel V. (Im Folgenden: Julian Nida-Rümelin = JNR)

nus, der in anderen europäischen Sprachen keine eindeutige Entsprechung hat. Das italienische Pendant ist »formazione«, das aber eher einer bemühten Übersetzung aus dem Deutschen ins Italienische entspricht. Im Englischen stehen Termini wie *education, sophistication, knowledge* für Übersetzungen zur Verfügung (span.: *formación, educatión, creatión*; franz.: *éducation, formation*). In keiner anderen Sprache gibt es jedoch die sprachliche Verbindung von *Bildung* und Bild. Bilden, formen, sich ein Bild machen – es ist bis heute nicht geklärt, wie die sprachgeschichtlichen Ursprünge zu interpretieren sind. Manches spricht dafür, dass mystisches Denken, etwa bei Meister Eckhart, diesen gemeinsamen Ursprung plausibel macht.

Unabhängig vom sprachgeschichtlichen sehe ich einen systematischen Zusammenhang zwischen Bildung und Menschenbild. Wir machen uns eine Vorstellung von uns selbst, von dem, was Menschen sein sollten, und nach dieser Vorstellung richtet sich Bildung im doppelten Sinne als »bilden von« und als »selbst bilden«. Sofern Bildung aktiv und bewusst verfolgt wird, gibt es ein Ziel der Bildung, selbst wenn dieses Ziel prinzipiell unerreichbar sein sollte. Da der Inhalt von Bildung die Formung der menschlichen Persönlichkeit ist (der eigenen und derjenigen anderer), ist Bildung ohne Persönlichkeitsideal nicht vorstellbar. Es ist schwierig, an dieser Stelle inhaltlich neutral zu bleiben, da sich die gewählte Terminologie schon auf ein humanistisches Konzept von Bildung festzulegen scheint. Daher sollten wir zunächst diese Begriffe so weit als möglich fassen. *Bildung* steht hier also nicht in Entgegensetzung zur *Ausbildung*. Die »Bildung der Persönlichkeit« nicht im Gegensatz zu »Ausbildung von Fertigkeiten«. Am Ende eines Bildungsprozesses steht ein Mensch mit seinen Merkmalen, zu denen Fertigkeiten, Wissen, Charaktereigenschaften etc. gehören. Wenn wir nicht wissen, unter welchen Bedingungen Bildung erfolgreich ist, dann wäre der Prozess als solcher ziellos. Wenn wir aber wissen, unter welchen Bedingungen Bildung erfolgreich oder erfolglos ist, erfolgreicher oder weniger erfolgreich, dann offenbaren wir (normative) Bildungskriterien. Das Ergebnis von Bildung ist immer die Person, ihre Eigenschaften und ihre Praxis. Wir offenbaren also ein Bild einer mehr oder weniger idealen Person, eine normative Anthropologie, dadurch, dass wir Kriterien haben, um den Erfolg von Bildung zu beurteilen.

Nun könnte es sein, dass diese Orientierung von Bildungsprozessen personen-relativ wäre. Jede Person hätte ihr Ideal. Möglicherweise hätten die Personen auch unterschiedliche Vorstellungen von Bildungsidealen anderer Personen. Dann hätten wir so etwas wie einen umfassenden Bildungskonflikt. Realistisch ist das nicht. Das eigene Bildungsideal ist abhängig von der Vorstellung, wie menschliches Leben als solches gestaltet sein sollte, wie Menschen miteinander umzugehen haben, welche spezifischen Fertigkeiten sie entwickeln sollten, welche Fähigkeiten sie benötigen, was eine gute Praxis, ein gutes Leben und einen guten Menschen ausmacht. Das je individuelle Ziel ist nicht isoliert, sondern hängt mit Meinungen zu allgemeinen (Bildungs-)Zielen zusammen. Die individuellen Ziele offenbaren deswegen in der Regel nicht nur ein (Ideal-)Bild der eigenen Person, sondern ein Ideal des menschlichen Lebens als solches, einschließlich seiner kulturellen und individuellen Besonderheiten.

Wenn von einem Menschenbild (im Singular) die Rede ist, dann schließt das nicht aus, dass dieses nach Herkunft, Geschlecht, Stand und Alter differiert. Die Rede von den *Eigenschaften* des *Menschen* ist eine Besonderheit des modernen Denkens mit seinen Stärken und Schwächen. Zu seinen Stärken zählt das Streben nach universeller Geltung. Zu seinen Schwächen seine Tendenz zur Simplifizierung, da universelle Geltung nur um den Preis der Abstraktion zu haben ist; eine Abstraktion, die von den Besonderheiten der jeweiligen Bedingungen absieht. Wie wir noch sehen werden, sind diese Stärken und Schwächen allerdings eng miteinander verbunden.

Jean-Jacques Rousseau ist einer der bedeutendsten politischen Philosophen und zugleich einer der bedeutendsten Bildungstheoretiker.[8] Beide Teile seiner Theorie beruhen auf einer modernen Anthropologie. Wie alle anderen Theoretiker der Moderne nimmt er an, dass Menschen frei und gleich geboren werden und erst durch die sozialen und politischen Verhältnisse in Knechtschaft geraten. Zur Illustration dieser ursprünglichen Freiheit greift er auf das Bild des frei im Walde herumziehenden Urmenschen zurück. Vermutlich inspi-

---

8  Vgl. Jean-Jacques Rousseau, *Émile ou de l'éducation* (1762).

riert durch Reiseberichte der damaligen Zeit, beschreibt er eine ursprüngliche, natürliche Lebensform. Demnach streifte der Naturmensch durch die Wälder und fand nur in der gelegentlichen Vereinigung mit einer Frau, mit der er Kinder zeugte, zu einer vorübergehenden Gemeinschaft. Er war autark in dem Sinne, als es ihm an nichts mangelte. Die Natur bot die notwendigen Ressourcen für diesen natürlichen Lebensstil, der weder Besitztümer noch Herrschaft kannte. Diese ursprüngliche Freiheit wiederherzustellen war das Ziel der politischen Theorie von Jean-Jacques Rousseau. Allerdings nicht in Gestalt einer Rückkehr in den Naturzustand, sondern in Gestalt der Etablierung der Republik. In der Republik folgen die *citoyens* (die Bürger) nur denjenigen Regeln (Gesetzen), die sie sich selbst gegeben haben. Seinem eigenen Leben Regeln zu geben, beschränkt die Freiheit des Einzelnen jedoch nicht. Der *bourgeois* allerdings, derjenige, dem es um die Förderung seiner Privatinteressen geht, ist nun Untertan. Untertan gegenüber dem *souverain*, der aus den *citoyens* besteht, aus den Mitgliedern der Versammlung, der er selber angehört.

Die ursprüngliche Freiheit entspricht der anthropologischen Theorie von Jean-Jacques Rousseau. Der Mensch ist von Natur, also autark und in diesem Sinne frei. Es gibt keine natürlichen Herrschaftsverhältnisse, keine Besitztümer, keine Ständeordnung. Die politische Ordnung ist nur legitim, wenn sie die Zustimmung derjenigen gewinnt, die ihre ursprüngliche Freiheit (durch das Ende feudaler Herrschaft) wiedererlangt haben. Die Zustimmung der Freien und Gleichen ist Kriterium einer legitimen politischen Ordnung. Man kontrastiere diese Anthropologie Jean-Jacques Rousseaus etwa mit derjenigen der Verteidiger der britischen Krone gegen die Angriffe der Whigs. Demnach ist die Herrschaftsordnung der Familie von Natur aus gegeben und die königliche Herrschaft entspricht dieser natürlichen Familienordnung im größeren Maßstab.[9] Beide anthropologischen Theorien beanspruchen für sich universelle Geltung. Beide spielen für die politische Theorie eine fundamentale Rolle, wie wir sie im vorausgegangenen Kapitel beschrieben haben. Beide sind radikal vereinfachend und werden der Vielfalt menschlicher Lebensformen nicht gerecht. Wenig spricht dafür, dass es jemals in der Geschichte der Spezies »Mensch« eine Phase gegeben hat, in der die Menschen waren, wie Jean-Jacques Rousseau sie im Naturzustand sich vorstellte. Aber auch die patriarchalische Familienordnung ist im historischen und im internationalen Vergleich eine Besonderheit. Die heutige empirische Anthropologie vermutet, dass die Menschen von jeher in Gemeinschaften gelebt haben – Gruppen von 30 oder auch 200 Personen. Die Lebensform des Orang-Utans (in der einheimischen Sprache bedeutet diese Bezeichnung »Wald-Mensch«) war wohl zu keinem Zeitpunkt seit der Frühzeit der menschlichen Spezies vor zweieinhalb Millionen Jahren charakteristisch für die menschliche Lebensform. Unterschiede in Muskula-

---

9  Vgl. Robert Filmer (*The Second Treatise of Civil Government* [1689] von John Locke ist gegen Filmer gerichtet).

tur und Knochenbau, auch in Bezug auf die Spezifika mentaler Fähigkeiten, sprechen allerdings dafür, dass es jedenfalls über eine sehr lange Phase der Menschheitsgeschichte eine Arbeitsteilung zwischen den Geschlechtern gegeben hat, in der Männer mehr für »Jagd und Krieg« und Frauen mehr für das Sammeln von Früchten und die Betreuung der Kinder (oder jeweils des jeweiligen Kleinkindes, wenn bestimmte Theorien zutreffend sein sollten) zuständig waren. Nichts deutet jedenfalls darauf hin, dass die feudale Ordnung des Mittelalters und der frühen Neuzeit in Europa eine anthropologische Konstante darstellt.

Die Grundzüge der Bildungstheorie Jean-Jacques Rousseaus haben wesentliche Impulse von der Idee einer natürlichen menschlichen Lebensform empfangen. Auch wenn seine Anthropologie, als empirische Theorie verstanden, offenkundig irrt, ist damit noch nichts über die Bildungstheorie als Ganze ausgesagt. Sie ist getragen von einer normativen Idee, wonach man den Kindern für ihre eigenständige Entwicklung Spielraum geben sollte, sie nicht abrichten, sondern sich entwickeln lassen sollte, ihre natürlichen Anlagen bewundern und nicht als Merkmale einer zu bändigenden wilden Natur bekämpfen sollte. In der Bildungstheorie Jean-Jacques Rousseaus manifestiert sich das Ideal eines autarken Individuums, und dieses Ideal verliert seine Bedeutung nicht dadurch, dass es das Rousseau'sche Phantasma des (männlichen) allein und frei durch die Wälder streifenden Urmenschen nie gegeben hat.

## 3. Normative Anthropologie

Jede menschliche Praxis offenbart Wertungen. Wir können auch sagen, jeder menschlichen Praxis sind Werte inhärent. Wir verstehen das Verhalten einer Person nur, wenn man es als Ausdruck von Gründen interpretiert, die sich die Person zu eigen gemacht hat. Wir können für jede Handlung Gründe angeben. Anders formuliert: Wenn ein Verhalten nicht begründet werden kann, dann hat es keinen Handlungscharakter. Man kann dies zuspitzen und sagen, dass wir gerade für diejenigen Bestandteile unseres Verhaltens Verantwortung tragen, die Handlungscharakter haben. Der Handlungs- und der Verantwortungsbegriff sind eng miteinander verknüpft[10], während die heute dominierende Auffassung meint, dass Handlungen erklärt werden, indem wir die Wünsche benennen, welche die Person hat, und die Überzeugungen, die sie dazu bringen, gerade diese Handlung zu vollziehen, in der Absicht, ihre Wünsche zu erfüllen. Wir setzen dem entgegen, dass es in letzter Instanz die Gründe sind, die eine Person sich zu eigen gemacht hat, die Handlungen erklären. Moralisch gereifte Personen können sich von eigenen Wünschen distanzieren. Man kann entscheiden, diesen gemäß nicht zu handeln. Eine solche Entscheidung repräsentiert eine Überzeugung (z. B. die Überzeugung, dass man diesen Wünschen nicht

---

10 Vgl. JNR, *Verantwortung,* Stuttgart (2011), Teil I, *Verantwortung für Handlungen* §§ 1–9.

folgen sollte) und nicht selbst wiederum einen Wunsch (außer in dem trivialen Sinne, dass die Überzeugung, etwas tun zu sollen, bei vernünftigen Menschen auch in dem Wunsch resultiert, das, was man tun soll, auch tatsächlich zu tun).

Es sind in erster Linie die Gründe, die die Identität einer Person ausmachen und nicht ihre Wünsche (Neigungen). Wir identifizieren uns mit unseren Gründen. Wir kontrollieren unsere Gründe über das eigene Urteil, die Abwägung und die Deliberation. Gründe münden immer in einer Stellungnahme, auch dann, wenn sich diese auf Handlungen beziehen, also wenn es sich um *praktische* Gründe handelt. Bei den theoretischen Gründen ist dies ohnehin offenkundig. Wenn ich einen Grund für eine Überzeugung habe, wenn ich Gründe für und wider eine Hypothese abwäge, dann nehme ich als Resultat dieser Abwägung Stellung (zu dieser Überzeugung, zu dieser Hypothese), das heißt, ich mache mir diese zu eigen oder auch nicht. Diese Fähigkeit zur Stellungnahme in praktischer wie in theoretischer Hinsicht ist Ausdruck einer entwickelten Persönlichkeit.

Man kann diesen Zusammenhang auch folgendermaßen fassen: Es sind nicht die jeweils gegebenen Wünsche *(desires)*, sondern die Bewertungen, die wertenden Stellungnahmen, die in der Praxis einer Person zum Ausdruck kommen. Keine Praxis ohne Wertung. Keine Handlungserklärung ohne Erkenntnis der wertenden (normativen) und nicht wertenden (deskriptiven) Stellungnahmen einer Person, ohne Kenntnis ihrer praktischen und theoretischen Gründe. Ich vermute, dass die griechische Stoa diese Erkenntnis zum Ausdruck bringen wollte, wenn sie behauptet, dass eine Entscheidung ein Urteil sei (gr.: *προαίρεσις κρίσις ἐστίν*).[11]

Dieser Zusammenhang von Bewertung, Begründung und Interpretation (Erklärung) ist nur möglich, wenn man etwas voraussetzt, das man – noch etwas vage – als »Kohärenz« bezeichnen kann. Menschen, die ihr Verhalten einmal so und dann wieder ganz anders, eben widersprüchlich, begründen, erscheinen uns unverständlich, wir können uns ihr Handeln nicht erklären. Wir machen niemandem zum Vorwurf, wenn sich seine Wünsche im Laufe der Zeit ändern. Unmittelbar vor dem Frühstück habe ich Hunger, daher habe ich den Wunsch, diesen Hunger zu stillen. Nach dem Frühstück ist dieser Hunger verflogen und ich habe keinen Wunsch mehr zu essen. Dies ist kein Zeichen für Inkohärenz. Wenn ich jedoch eine bestimmte Verhandlung damit rechtfertige, dass ich auf jemand anderen Rücksicht nehmen wollte, aber sogleich die Person ausgesprochen rücksichtslos behandle, dann werden wir die entsprechende Person nicht nur tadeln, sondern ihr Verhalten erscheint uns unverständlich oder die gegebene Begründung unglaubhaft.

Begründungen nehmen häufig auf Wünsche, eigene und fremde, in der einen oder anderen Weise Bezug.

---

11 Mir scheint, dass man der Stoa nicht nur ein objektivistisches Verständnis praktischer Gründe, sondern auch eine kognitivistische Handlungs- und Gefühlstheorie unterstellen muss; besonders deutlich wird das in den Fragmenten Chrysipps, *Stoicorum veterum fragmenta*, 3.459 und 3.481.

Dass ich Hunger habe und den sich daraus ergebenden Wunsch entwickle, diesen zu stillen, begründet Handlungen, die mir diesen Wunsch erfüllen. Immer dann, wenn ich Hunger habe und den Wunsch habe, diesen Hunger zu stillen, habe ich Gründe, etwas zu unternehmen, um mir diesen Wunsch zu erfüllen. Die Wünsche kommen und gehen, die Gründe bleiben sich gleich. Wünsche habe ich oder ich habe sie nicht, Wünsche in dem engeren Sinne von »Neigungen« (wie dieser Terminus von Immanuel Kant verwendet wird) sind gegeben, Neigungen sind also kein Ergebnis der Abwägung von Gründen. Neigungen sind gerade deswegen der Kritik entzogen, weil sie – jedenfalls unmittelbar – durch die Abwägung von Gründen nicht beeinflussbar sind. Wohl aber sind wir als rationale Akteure in der Lage, manchen unserer Neigungen zu folgen und anderen nicht. Wir haben Gründe, nicht allen unseren Neigungen zu folgen. Erst mit unserer Handlung, nicht schon mit unserer Neigung, nehmen wir Stellung und müssen uns für diese Stellungnahme rechtfertigen (für die Handlung und die diese Handlung zum Ausdruck bringende [normative] Stellungnahme).

Man kann die gesamte Praxis des alltäglichen Rechtfertigens von Meinungen und Handlungen als das Unternehmen interpretieren, die subjektiven Stellungnahmen abzugleichen, sie einer intersubjektiven Kritik zu unterwerfen. Diese Stellungnahmen sind zum Teil normativer Natur, nämlich dann, wenn es darum geht, was getan werden sollte, und zum Teil deskriptiver Natur, nämlich dann, wenn es darum geht, zu klären, was der

Fall ist. Beide Typen von Stellungnahmen bestimmen die Praxis. Erst im Austausch von Gründen, erst in der Kommunikation, in der alltäglichen Verständigung werden die praxisinhärenten Werte geklärt und gegebenenfalls kritisiert. Diesen alltäglichen Austausch von Gründen, das »Geben und Nehmen von Gründen«[12], kann man als einen kulturellen und sozialen Prozess verstehen, in welchem die je subjektiven Perspektiven abgeglichen werden, durch welchen geklärt werden soll, was von dem, was Einzelnen wünschenswert erscheint, sozial akzeptabel oder sogar sozial wünschenswert ist.

In liberalen Kulturen werden die Grenzen der individuellen Bestimmung des Wünschenswerten weit gesteckt, begrenzt nur durch die mögliche Verletzung individueller Rechte anderer, aber auch durch Verpflichtungen der Kooperation und Pflichten der Gemeinschaftszugehörigkeit. Liberale Gesellschaften müssen sich nicht generell über das Wünschenswerte verständigen, sondern lediglich sicherstellen, dass Menschen ihr eigenes Leben autonom gestalten können in den Grenzen, die eine vergleichbare Autonomie für alle ermöglicht. Man könnte diese Konzeption als Kantischen Liberalismus bezeichnen.[13] Dieser ist deutlich unterschieden von den Markt-Radikalen, die meinen, dass der bestmögliche gesellschaftliche Zustand sich dann einstellt, wenn jeder seinen eigenen Wünschen folgt, allenfalls durch

---

12  Vgl. Robert B. Brandom, *Making It Explicit. Reasoning, Representing and Discursive Commitment,* Cambridge (1994).

13  John Rawls ist ihr bedeutendster philosophischer Vertreter.

Rechtssicherheit und Vertragstreue beschränkt. Die reine Marktgesellschaft ist eine libertäre Vision, die nicht Autonomie sichert, sondern lediglich ökonomische Effizienz. Die soziale Demokratie etabliert Verpflichtungen der Kooperation, die sie auch institutionell (in Gestalt des Sozialstaates) sichert. Sie steht im Gegensatz zur libertären Marktgesellschaft und geht über den Kantischen Liberalismus hinaus. Aber auch sie kehrt nicht zurück zur Idee des gemeinschaftlich Guten, auch sie erlaubt ein breites Spektrum individueller Wertungen unterschiedlicher Lebensformen.

Die Toleranz gegenüber unterschiedlichen individuellen Wertungen und Meinungen, die der modernen Demokratie eigen ist, darf jedoch nicht darüber hinwegtäuschen, dass es in jeder gesellschaftlichen Ordnung einen Kernbestand gemeinsamer »anthropologischer Wertungen« geben muss. Jede politische und gesellschaftliche Ordnung bezieht ihre Legitimation aus einem Konsens höherer Ordnung. Ein Konsens, der mit den Differenzen individueller Lebensformen und Wertungen vereinbar ist. In den Stadtstaaten der griechischen Klassik manifestierte sich dieser Konsens in den Riten und Festivitäten zu Ehren der Götter, in modernen Rechtsstaaten äußert sich dieser Konsens unter anderem in Gestalt einer allgemein respektierten Verfassung. Diese enthält die Normen, nach denen Recht und Gesetz zu gestalten sind. Diese Normen wiederum repräsentieren die Vorstellung eines humanen Zusammenlebens. Die Vorstellung von Grundrechten, welche die Autonomie des Einzelnen und von Institutionen sichern sowie in der Demokratie sicherstellen, dass alle Macht vom Volke ausgeht. Die demokratischen Verfassungen der Moderne formulieren das normative Ideal einer Gesellschaft der Freien und Gleichen, einer politischen Gemeinschaft von Individuen, die gleichermaßen frei sind. Sie zeugen von einem anthropologischen Selbstverständnis, von einer Anthropologie gleicher Freiheit, gleicher Verantwortung und gleichen Respekts. Es handelt sich um eine normative Anthropologie, nicht um die Feststellung biologischer Eigenschaften der Spezies »Mensch«, nicht um den Versuch, die Moral einer Weltanschauungsgemeinschaft jeder Kritik zu entheben. Es handelt sich um eine Anthropologie, die sich in der institutionellen, in der rechtlichen, in der politischen, in der kulturellen und in der sozialen Praxis bewähren muss, eine Anthropologie, die im günstigsten Falle das normative Selbstverständnis der Bürgerschaft als Ganzes zum Ausdruck bringt.

# Kapitel II

# Humanismus

*»Wirklich ›humanistisch‹ dagegen ist jedes Studium, das
die Aufgeschlossenheit für die Werte des Lebens erhöht,
den Menschen für das soziale Wohl empfänglicher macht
und ihn besser befähigt, dieses Wohl zu fördern.«*[14]

In der europäischen Geistesgeschichte gibt es spätestens
seit der griechischen Klassik ein Phänomen, das phasenweise in Erscheinung tritt und eine beträchtliche Wirkung entfaltet, um dann wieder für lange Zeiten fast völlig zu verschwinden. Dieses Phänomen ist nicht auf den
europäischen Kulturkreis beschränkt und seine Erscheinungsformen variieren mit dem kulturellen und historischen Kontext. Dieses Phänomen lässt sich über zwei
Elemente dennoch zuverlässig diagnostizieren. Erstens
handelt es sich jeweils um eine Bildungsbewegung und

---

14 John Dewey, *Democracy and Education* (1916). Übersetzt von
Erich Hylla, *Demokratie und Erziehung. Eine Einleitung in die phi-
losophische Pädagogik*, Jürgen Oelkers (Hrsg.), Weinheim und
Basel (2000).

zweitens spielt in ihr ein spezifisches Menschenbild eine zentrale Rolle. Dieses Phänomen bezeichne ich als »Humanismus«, wohl wissend, dass unter diesem Terminus sehr Unterschiedliches verstanden wird. Mein Eindruck ist allerdings, dass diese terminologischen Differenzen sich darauf zurückführen lassen, dass jeweils ein einzelner Aspekt des Humanismus im weiteren Sinne herausgehoben und die anderen Aspekte ignoriert werden. Um dieses Phänomen genauer zu erfassen, werfen wir zunächst einige historische Schlaglichter. Um dann die drei zentralen gemeinsamen Elemente humanistischen Denkens in einen systematischen philosophischen Zusammenhang zu stellen.

## 1. Humanismus – Die Ursprünge

Die Zeit der griechischen Klassik ist für die europäische Kultur- und Bildungsgeschichte bis heute von zentraler Bedeutung. Grundbausteine humanistischen Denkens entwickeln sich in einer erstaunlich kurzen Frist. Es sind im Wesentlichen drei: (1) *Autarkie*, (2) *Rationalität*, (3) *Universalität*.

Das *Autarkie-Ideal* (1) hat offenkundig in der griechischen Kultur eine längere Vorgeschichte. Achill begehrt gegen seinen obersten Heeresführer Agamemnon auf, weil dieser es wagt, ihm seine Lieblingssklavin zu nehmen. Der Fürst Achill ist in seiner Autarkie verletzt und entsprechend zieht er sich schmollend aus dem

Kampfgeschehen zurück, was beinah den Untergang der Griechen im Kampf um Troja bedeutet hätte. Um die Autarkie der Sklavin Briseis geht es hier natürlich nicht, aber um die des Fürsten. Das Autarkie-Ideal ist zunächst nur gegen die Beherrschung durch andere gerichtet, es ist ein langer Weg, bis die philosophischen Konsequenzen dieses Ideals klar werden. Wer nicht beherrscht werden will, muss sich selbst beherrschen. Der *akratēs* (gr.: *ἀκρατής*), der Unbeherrschte, verliert seine Autarkie, weil er sich von Augenblicksneigungen beherrschen lässt. Das, was Aristoteles in der *Nikomachischen Ethik* als Problem der *akrasia* (meist übersetzt mit »Willensschwäche«) diskutiert, markiert den Übergang von bloßer Autarkie im Sinne einer Abwehr von Eingriffen anderer zur Autonomie, der Gestaltung des Lebens nach eigenen Vorstellungen und Wertungen. Am Ende dieser langen Entwicklung steht die Kantische Ethik, für die ein Handeln aus Pflicht erst die Freiheit des vernünftigen Menschen ausmacht. Aber auch der Aristotelische *akratēs* ist unvernünftig, weil er nicht das tut, was er selbst für richtig hält, was er also selbst als positiv bewertet, sondern aus der Neigung des Augenblicks seinen eigenen Wertungen zuwiderhandelt.[15] Deshalb ist der *akratēs* schwach. Es besteht demnach ein enger Zusammenhang zwischen Vernunft und Freiheit.[16]

In Platons *Theaitetos*-Dialog geht es um die Frage, was

---

15  Vgl. Aristoteles, *Nikomachische Ethik*.

16  Vgl. Peter Sturmar (Hrsg.): *Vernunft und Freiheit. Zur praktischen Philosophie von Julian Nida-Rümelin*, Berlin (2012).

Wissen sei. Es werden unterschiedliche Vorschläge geprüft, die offenbar die damaligen philosophischen Auseinandersetzungen wiedergeben. Schließlich wird ein Ergebnis präsentiert, wonach Wissen weder instrumentell im Hinblick auf Zwecke, die man mit diesem Wissen erreicht, noch subjektiv als Gewissheit bestimmt werden kann, sondern als eine wahre Überzeugung, für die aber (objektiv) gute Gründe sprechen. Am Schluss dieses Dialoges meint Sokrates, man könne auch mit diesem Ergebnis nicht vollständig zufrieden sein, ohne diese Behauptung näher zu begründen.[17] Tatsächlich entdeckt ein Philosoph[18] in den 1960er Jahren, dass auch eine wohlbegründete, wahre Meinung noch nicht zwingend mit Wissen gleichzusetzen ist. Platon-Bewunderer mögen vermuten, dass sich schon der antike Philosoph dieser Tatsache bewusst war.

Im *Theaitetos*-Dialog ermahnt Sokrates seinen Diskussionsgegner, dass man doch nicht die *Wortstreitkunst* pflegen wolle, dass es also darum ginge herauszufinden, wie es sich wirklich verhalte. Dies sei schließlich auch eine zentrale Kritik der Sokratik an der Sophistik, dass es eben dieser um den Sieg in der rhetorischen Auseinandersetzung ginge, also um Kenntniserwerb für persönliche, berufliche und politische Zwecke, und nicht um die Wahrheitssuche als solche. Die zentrale Botschaft des *Theaitetos*-Dialoges ist die *Autonomie der theoretischen*

---

17 Vgl. Platon, *Theaitetos.*
18 Vgl. Edmund L. Gettier, *Is Justified Belief True Knowledge?* Analysis, Vol. 23, No. 6 (1963), S. 121–123.

*Vernunft.* Erkenntnis ist etwas, das wir um ihrer selbst willen erstreben (sollen). Da es in diesem Dialog um das Vorbringen von Gründen und den Versuch der Entkräftung von vorgebrachten Gründen geht, könnte man – angelehnt an Jürgen Habermas – das Ergebnis auch so fassen: Kommunikative Rationalität geht nicht in strategischer auf.[19] Strategische Rationalität ist mit dem Ethos verständigungsorientierter Rede unvereinbar. Zu diesem Ethos gehört der Respekt gegenüber dem Gesprächspartner, seine Anerkennung als gleichberechtigter Partner in der Kommunikation und die Bereitschaft, Argumente zu prüfen und im Falle eines positiven Ergebnisses diese anzunehmen, auch wenn sie der eigenen Interessenlage zuwiderlaufen.

Den *Theaitetos*-Dialog, aber auch zahlreiche andere Dialoge Platons durchzieht ein *Plädoyer für Rationalität*. Rationalität der *Praxis*, die auf (philosophischer) Einsicht beruhen sollte, Rationalität des *Urteils*, die lediglich dem »zwanglosen Zwang des besseren Argumentes« (Habermas) folgt. Es gibt keine heiligen Schriften, die als Quelle des Wissens herangezogen werden können, keine politischen oder religiösen Autoritäten, es zählt nur die dem Menschen eigene Erkenntnisfähigkeit, seine *Rationalität* (2).

Die griechische Klassik schafft zumindest die Voraussetzungen für die dritte philosophische Entdeckung, die

---

19 Vgl. Jürgen Habermas, *Theorie des kommunikativen Handelns*, Frankfurt a. M. (1981).

zugleich auch eine kulturelle Veränderung darstellt: die Idee einer *universalen Menschennatur*. Erst die philosophische Bewegung der Stoa entwickelt eine konsequent universalistische Weltanschauung. Allerdings bleibt das Spannungsverhältnis zwischen philosophischer Überzeugung und praktizierter Lebensform bis in die Kaiserzeit des Römischen Imperiums bestehen, in der der Stoizismus zur dominierenden Weltanschauung der Patrizier und der Gebildeten wird. Die Welt als Ganzes, der Kosmos ist vernünftig geordnet, die Ereignisse gehorchen unveränderlichen und grundsätzlich erkennbaren Gesetzen. Als vernünftiger Akteur fügt sich der Mensch in diese geordnete Welt. Er nimmt die Dinge, die er selbst nicht verändern kann, mit Gleichmut hin und übernimmt Verantwortung für das, was er beeinflussen kann.

Dies ist die berühmte Unterscheidung der Stoa zwischen den *adiaphora* (gr.: ἀδιάφορα), also den Dingen, zwischen denen wir keinen Unterschied machen können, weil wir sie nicht beeinflussen können, da sie außerhalb unserer Kontrolle liegen, und den Dingen, bei denen es auf uns selbst ankommt, den *eph' hēmin* (gr.: ἐφ' ἡμῖν), also den Dingen, die wir kontrollieren können. Für Letztere gilt das Prinzip der Verantwortung, für Erstere das Prinzip des Schicksals. Haut, Sprache, kulturelle Herkunft, Geschlecht und Stand sind unerheblich, insofern alle Menschen gleichermaßen erkenntnis- und vernunftfähig sind, die an der Weltvernunft, dem *logos* (gr.: λόγος), teilhaben können. Die Selbstbetrachtungen des Stoikers Marc Aurel auf dem Kaiserthron sind ein eindrucksvolles Zeugnis für die universalistische Anthropologie der Stoa.[20] Er versucht, seine Pflichten zu erfüllen, wie alle an den Feldzügen Beteiligten hinunter bis zum einfachsten Soldaten. Er nimmt seine Verantwortung als Kaiser wahr und zugleich tadelt er sich selbst für jede Unbescheidenheit, jede unangemessene Gemütsbewegung und jede Unachtsamkeit. Auch der mit fast unumschränkter Macht ausgestattete Kaiser eines riesigen Imperiums sollte keine Sonderrechte für sich in Anspruch nehmen, sollte sich einfügen in den geordneten Kosmos der Natur und der menschlichen Gesellschaft als ein Teil dieser Natur.

Die hellenistischen Reiche waren, wie später das Römische, zentralistisch organisiert und sie umfassten eine Vielfalt von Völkerschaften, Kulturen und Religionen. Man kann daher den Universalismus der Stoiker als eine intellektuelle Antwort auf den Gestaltungsverlust der griechischen Stadtbürger interpretieren. Zugleich aber beinhaltet diese kulturelle Bewegung eine philosophische Erkenntnis, nämlich die, dass Hautfarbe, Herkunft, Sprache und Kultur in anthropologischer Hinsicht irrelevant sind, dass allen Menschen Vernunft, Moral und Würde gleichermaßen zu eigen sind. Die *dignitas hominis*, die Cicero in Anlehnung an griechische Autoren, insbesondere Panaitios, beschreibt, ist das Zentrum einer *universalistischen Anthropologie* (3).[21] Vernunft- und Moral-

---

20 Vgl. Marc Aurel, *Selbstbetrachtungen* (gr.; lat.: *Ad se ipsum libri*) (ab 172 n. Chr.).

21 Vgl. Cicero, *De officiis* (44 v. Chr.).

fähigkeit aller Menschen tragen dieses *universalistische Konzept menschlicher Würde.*

## 2. Das Gemeinsame humanistischen Denkens

Das Gemeinsame humanistischen Denkens ist durch die im vorausgegangenen Kapitel genannten Ursprungsimpulse – (1) *Autarkie/Autonomie*, (2) *Rationalität* (theoretische wie praktische Vernunft), (3) *Universalismus* – interessanterweise schon weitgehend erfasst. Die europäische Bildungsgeschichte kann man als immer wieder aufgenommene Auseinandersetzung mit diesen Grundorientierungen des Humanismus lesen. Das humanistische Ideal erfährt zunächst eine philosophische Fassung (Platon und Aristoteles, die griechischen und die römischen Stoiker, Pico della Mirandola und andere humanistische Philosophen der italienischen Renaissance, Kant und die Philosophen des deutschen Idealismus etc.), bis der Humanismus sodann Eingang in die Bildungsdebatten findet, Bildungsreformen prägt und dann verebbt in der Gegenoffensive der Instrumentalisten und Antihumanisten unterschiedlicher Couleur, um nach einigen Jahrhunderten oder auch nur Jahrzehnten in neuer Gestalt wiederaufzuerstehen. Der Humanismus ist in der europäischen Bildungsgeschichte seit rund 2500 Jahren eine Art Wiedergänger. Wenn wir für einen Augenblick das Ethos humanistischer Selbstbeschränkung vergäßen – und zudem allen Realitätssinn –, könnte als Ziel dieses Büchleins gelten, eine weitere Runde in diesem Spiel einzuläuten, einem aktualisierten Humanismus in der Gegenwart eine Chance zu geben, ihn philosophisch neu zu fassen und in der (Bildungs-)Praxis zu verankern. Die Zeit dafür wäre reif, da wir auf eine Verfallsgeschichte der humanistischen Impulse seit nunmehr über hundert Jahren zurückblicken. Form und Inhalt der Auseinandersetzung zwischen einem humanistischen und einem antihumanistischen Menschenbild haben sich immer wieder verändert, aber einige Grundelemente dieses Konflikts sind erstaunlich konstant geblieben.

Eines dieser sich durchhaltenden Elemente ist die humanistische Kritik an der Instrumentalisierung der Bildung. Humanisten aller Zeiten haben natürlich nicht bestritten, dass Bildung nützlich ist, nicht nur im Beruf, sondern für eine gelungene Gestaltung des eigenen Lebens generell. Humanisten haben in der Regel auch keine Probleme, Bildungsanstrengungen damit zu rechtfertigen, dass sie externen Zwecken dienen. Sie sehen es jedoch als problematisch an, wenn die Inhalte der Bildung von diesen externen Zwecken bestimmt oder Bildung als solche gar über den instrumentellen Erfolg definiert wird. Die Kritik Sokrates' an der Sophistik hat diese Form der Instrumentalisierung vor Augen. Der extreme Instrumentalismus einzelner Sophisten, jedenfalls in der Darstellung Platons, definiert Wissen als Instrument des Machterwerbs oder des angestrebten Erfolgs generell. Die Aporien, in die instrumentalistische Bildungsdefinitionen führen, liegen auf der Hand: Ob der Gebildetere erfolgreicher ist, ist eine empirische Frage und ist kontingent. Selbst wenn Bildung dem Erfolg dienlich ist, würde daraus nicht folgen, dass der Erfolg darüber entscheidet, ob jemand gebildet ist. Bildung kann nur inhaltlich, nicht instrumentell definiert werden. Wenn Platon recht hat, dann spielt für genuine Bildung wohlbegründetes Wissen, *sophia* (gr.: σοφία), eine zentrale Rolle. Wenn Aristoteles recht hat, beruht echte Bildung auf erfahrungsgesättigter Lebensklugheit, *phronēsis* (gr.: φρόνησις). Wenn die Stoiker recht haben, ist die gebildete Persönlichkeit dadurch ausgezeichnet, dass sie ihre Gefühle kontrollieren kann, dass sie zu diesen kritisch Stellung nehmen und auf der Grundlage dieser Stellungnahme handeln kann. Wenn die Humanisten der italienischen Renaissance recht haben, dann zeichnet sich die gebildete Persönlichkeit dadurch aus, dass sie *mitis et amabilis* (Petrarca) ist. Wenn Immanuel Kant recht hat, dann gehört zur Bildung die Achtung vor dem Sittengesetz, die Fähigkeit, sich so weit von seinen eigenen Neigungen distanzieren zu können, dass man nur solchen Regeln (Maximen) folgt, die auch als allgemeine Handlungsregeln taugen würden. Wenn Wilhelm von Humboldt recht hat, dann fördert die Wahrheitssuche um ihrer selbst willen die Persönlichkeitsbildung etc.

Gemeinsam ist diesen und anderen humanistischen Positionen trotz aller Unterschiede, dass Bildung einen *Selbstwert* hat, dass Bildung um ihrer selbst willen erstrebenswert ist. Das ergibt jedoch nur Sinn, wenn die Vorstellung eines richtigen Lebens – eines genuin menschlichen Lebens – die Inhalte einer normativen Anthropologie, sowohl die Bildungstheorie als auch die Bildungspraxis, bestimmt. Nach humanistischem Verständnis repräsentiert die jeweilige Bildungsidee den normativen Gehalt unseres Selbstverständnisses als Mensch. Da Menschen immer auch als Selbstzweck gelten müssen und niemals ausschließlich zu anderen (externen) Zwecken gebraucht (instrumentalisiert) werden dürfen, überträgt sich so der normative Kern einer humanistischen Anthropologie auf die humanistische Bildungskonzeption. Wenn Bildung nichts anderes ist als die angeleitete und zu möglichst großen Teilen selbstbestimmte Entfaltung des Menschen, die Entwicklung menschlicher Persönlichkeitsmerkmale (Tugenden) und die Praxis einer genuin menschlichen Lebensform, dann ist Bildung in diesem Sinne Selbstzweck. Es ist die Verkoppelung von Anthropologie und Bildungstheorie im humanistischen Denken, die instrumentalistische Auffassungen ausschließt. Kurz: Eine instrumentalistische Bildungspraxis ist unmenschlich.

Ein anderes gemeinsames Element ist die Auseinandersetzung mit naturalistischen Auffassungen seit der Gründungszeit der modernen Naturwissenschaft. In der Antike und im Mittelalter spielt diese Auseinandersetzung deswegen keine Rolle, weil die dominierende Theorie der Natur teleologisch ist, das heißt annimmt, dass das Wirken der Natur auf bestimmte Ziele gerichtet ist, sodass die menschliche Praxis nur als eine besondere Erscheinungsform dieser Naturordnung erscheint. Besonders deutlich ist dies in der Aristotelischen Theorie der Bewegung der Tiere. Erst in der Moderne tritt der Gegensatz zwischen Naturalismus und Humanismus zutage. Die Naturwissenschaft wird seit der *scientia nova*, also seit dem 17. Jahrhundert, in Europa neu gefasst, die teleologische Erklärung wird durch eine deterministische Kausalerklärung ersetzt. Die Revolutionäre der neuen Wissenschaft *(scientia nova)* verabschieden den weichen Aristotelismus in christlich-theologischem Gewand, neigen eher zum Intellektualismus Platons, zum Ideal der mathematischen Präzision, stellen sich eine Naturwissenschaft nach dem Muster der euklidischen Geometrie vor, mit wenigen Axiomen, aus denen der Rest ableitbar ist *(more geometrico)*, und greifen Ideen der antiken Atomisten und Hedonisten wie Speusipp, Leukipp und Epikur auf. Auch wenn dieses Programm einer Umgestaltung der Naturwissenschaft mit kühnen Spekulationen beginnt, die sich nicht aufrechterhalten lassen, so erweist es sich spätestens mit Galileo Galilei und Isaac Newton als sehr erfolgreich.

Es gibt einen bis heute anhaltenden Streit darüber, was eigentlich die Moderne ausmacht und wann sie beginnt. Je nach Segment, das man im Auge hat, variiert das, was heutige Philosophen, Soziologen und Historiker als Kontinuitätsbruch interpretieren. Beginnt die Moderne schon mit Joachim de Fiore, der im 12. Jahrhundert einer der Ersten ist, die so etwas wie eine Fortschrittstheorie der Menschheitsgeschichte konzipieren? Ist damit gar schon eine neue *Gnosis* auf den Weg gebracht, die schließlich im 19. und 20. Jahrhundert als »politische

Religionen«[22], in Gestalt von Nazismus und Stalinismus, für unvorstellbares Leid verantwortlich ist?

Man kann die Moderne aber auch erst im Maschinenzeitalter, also im 19. Jahrhundert, beginnen lassen. In der Tat gibt es erst ab etwa 1820 in Europa eine ökonomische Dynamik, welche die Lebensbedingungen der Menschen grundlegend verändert und zur Entwurzelung, Verstädterung und Verelendung führt, dann aber den Wohlstand deutlich mehrt (aufgehalten immer wieder durch Kriege im 19. Jahrhundert und schließlich durch zwei Weltkriege im 20. Jahrhundert). Man kann die Normierung, Rationalisierung und Vereinheitlichung aller Lebensverhältnisse, die Technisierung und Ökonomisierung zu Merkmalen der Moderne machen und damit die Ursprünge des Fortschrittsdenkens, aber auch der neuen Wissenschaft in den Jahrhunderten zuvor als Präliminarien interpretieren. In der Kunst beginnt die Moderne gegen Ende des 19. Jahrhunderts und Anfang des 20. Jahrhunderts mit radikalen Brüchen gegenüber der Tradition. Der französische Impressionismus macht in den 1870er Jahren in Paris den Anfang.

Das, was sich heute als Postmoderne versteht, kann allenfalls in der engsten Definition von »Moderne« als ein neues Zeitalter gelten. Wenn es in der Architektur um die Abkehr von der Bauhaus-Tradition geht, die Rehabilitierung historischer Zitate, zweckloser Verzierung und figürlicher Darstellung, dann wäre dies kein Bruch

---

22 Vgl. Eric Voegelin, *Die politischen Religionen* (1938).

etwa gegenüber der Tradition des Jugendstils, die immerhin mit dem Bauhaus historisch und politisch eng verbunden ist. In einer eher philosophischen Perspektive könnte man das postmoderne Zeitalter dadurch charakterisieren, dass es die Idee des verantwortlichen Subjekts verabschiedet, eine subjektlose, dezentrierte, nicht mehr »logozentrische« Perspektive einnimmt, die sich in Schriften manifestiert, die nicht mehr dem Ideal der Klarheit, Bestimmtheit und Verständlichkeit verpflichtet sind, ein Ideal, das den Philosophen der Renaissance, der europäischen Aufklärung, des amerikanischen Pragmatismus und der analytischen Philosophie gemeinsam ist. Man kann jedoch auch – skeptisch gegenüber dem behaupteten Epochenentwurf der Postmoderne – von einer reflexiv gewordenen, selbstkritischen zweiten Moderne sprechen, wie es Ulrich Beck tut.[23] Oder man lässt die Moderne eben nicht mit dem Rationalismus des 17. Jahrhunderts beginnen, sondern sieht ihre ausschlaggebende kulturelle Innovation im Humanismus wie Stephen Toulmin.[24]

Dieser Streit um die Moderne ist ein verdeckter Streit um normative Fragen. Es ist ein Streit, wie wir uns verstehen sollten. In Absetzung von der Tradition der Moderne der europäischen Aufklärung des Rationalismus oder in kritischer Fortführung? Sollten wir die Substanz unseres

---

23  Vgl. Ulrich Beck, *Die Erfindung des Politischen: Zu einer Theorie reflexiver Modernisierung,* Frankfurt a. M. (1993).

24  Vgl. Stephen Toulmin, *Kosmopolis,* Frankfurt a. M. (1994).

modernen menschlichen Selbstverständnisses in der rationalistischen (schließlich technokratischen) Tradition sehen oder im Humanismus der frühen italienischen Renaissance? Auch wenn die Kriterien eines historischen Epochenbruchs in hohem Maße willkürlich sind, unser menschliches Selbstverständnis ist es nicht. Daher plädiere ich dafür, diese Debatte zu entmystifizieren, sie nicht in Gestalt vermeintlich empirisch zu klärender, historischer und kultureller Analysen vorzutragen, sondern als Differenz normativer Anthropologie, wie wir sie in I. 2 umrissen haben. Unser modernes Menschenbild, unser aktuelles Selbstbild, *sollte sich* auf die humanistische Tradition der frühen Neuzeit und nicht auf die rationalistischen, technokratischen, utopistischen und totalitären Abwege der Moderne beziehen.

## 3. Eine systematische Konzeption

Im Zentrum einer humanistischen Anthropologie stehen drei Begriffe: *Vernunft – Freiheit – Verantwortung*. Das, was Kant als Autonomie begreift, führt Verantwortung (Pflicht) und Freiheit zusammen, und zwar auf der Basis (praktischer) Vernunft. Die Vernunft lässt uns einsehen, nur nach solchen Maximen zu handeln, die als allgemeines Gesetz denkbar und wünschbar sind. Wir agieren als Vernunftwesen, sofern wir unsere Maximen daraufhin, das heißt auf das, was Kant den *Kategorischen Imperativ* nennt, überprüfen und dann entsprechend handeln.[25] Wir sind frei, sofern wir aus diesem rationalen Motiv heraus handeln und nicht lediglich den Neigungen des Augenblicks folgen. Menschen, die ihren jeweiligen Neigungen folgen, sind unfrei, weil heteronom. Sie geben sich die Gesetze ihrer eigenen Praxis nicht selbst, sondern führen nur aus, was ihre Neigungen jeweils vorgeben. Die Prinzipien vernünftigen Handeln sind apriorisch, das heißt ohne jede Empirie, ohne Erfahrungsdaten bestimmbar. Was den Neigungen jeweils am besten entspricht, ist eine empirische Frage. Als Vernunftwesen sind Menschen frei, als Naturwesen kausal determiniert. Als Gegenstand der wissenschaftlichen Analyse ist menschliches Handeln kausal determiniert, aus der Innenperspektive ist der Mensch, sofern er vernünftig ist, frei. Pflicht (Verantwortung) und Freiheit sind keine Gegensätze. Nur wer aus Achtung vor dem Sittengesetz handelt, das heißt vernünftig und somit aus Pflicht handelt, ist wirklich frei. Nur die moralische Motivation macht Menschen frei.

Diese hier grob zusammengefasste praktische Philosophie Kants ist die elaborierteste und bis heute einflussreichste Fassung humanistischen Denkens. Im Zentrum steht die Idee der Menschenwürde. Der Mensch hat keinen Wert, man kann menschliche Individuen nicht verrechnen, nicht mit anderen Werten, nicht einmal mit anderen Menschen. Menschenleben dürfen nicht gegen Menschenleben aufgerechnet werden, auch das ist un-

---

25 Vgl. Immanuel Kant, *Grundlegung zur Metaphysik der Sitten* (1785).

vereinbar mit menschlicher Würde.[26] Es ist kein Zufall, dass die praktische Philosophie Kants heute weltweit eine Renaissance erlebt. Der bedeutendste politische Philosoph der Gegenwart, John Rawls, versteht sich als Kantianer, aber auch Christine Korsgaard, Onora O'Neill, Kurt Bayer, Jürgen Habermas und viele mehr. Dieser zeitgenössische Kantianismus versteht sich nicht als Auslegung Kantischer Texte, er ist nicht exegetisch, sondern weicht in vielen Punkten von Kantischer Philosophie ab. Die Gemeinsamkeit ist ein universalistisches Verständnis praktischer Vernunft und die Idee einer Freiheit, die den Menschen etwas zutraut, nämlich die Fähigkeit zu reflektieren, Gründe abzuwägen und aus eigenen Gründen zu handeln.

In diesem weitesten Sinne bin ich ebenfalls Kantianer, allerdings mit einer wichtigen Differenz zum klassischen Vorbild. In meinen Augen ist es eine zentrale Schwäche der kantischen Philosophie, dass sie fast durchgängig von Dichotomien geprägt ist: Das *Apriorische*, das, was wir vor aller Erfahrung wissen, steht dem *Aposteriorischen*, dem, was wir nur durch Erfahrung wissen, gegenüber. Die Vernunftprinzipien sind apriorisch und haben mit der empirischen Menschennatur nichts zu tun. Die Freiheitsgesetze stehen den Naturgesetzen

---

26 BVerfG, 1 BvR 357/05 vom 15.02.2006, Absatz Nr. (1–256). Urteil gegen die Ermächtigung zu unmittelbarer Einwirkung mit Waffengewalt gegenüber Passagiermaschinen. Artikel zu diesem Thema von JNR, *Leben und töten lassen,* in: Cicero 5/2006, S. 80–82.

gegenüber und letztlich scheint doch alles nur eine Frage der Perspektive zu sein. Meine eigene philosophische Position ist dagegen kohärentistisch. In ihr lösen sich die Dichotomien auf. Es gibt jeweils ein Mehr oder Weniger, Beobachtungsnäheres und Beobachtungsferneres, Abstrakteres und Konkreteres. Selbst logische Prinzipien müssen sich an der Verständigungspraxis des Alltags bewähren, sie sind nicht unabhängig von aller Empirie. Erfahrungen sind andererseits immer abhängig von Begriffen und Theorien, die sich wiederum selbst an der Erfahrung bewähren müssen. Das, was hier möglicherweise zirkulär erscheint, ist lediglich Merkmal eines unauflöslichen Zusammenhangs, der letztlich alles umfasst. Jede einzelne Überzeugungsänderung ist mit so gut wie allen anderen in der einen oder anderen Weise verbunden. Es gibt nicht die Möglichkeit, aus dieser Praxis der Abwägung auszusteigen und das Vernünftige auf ein rein philosophisches Fundament zu stellen. Auch die Philosophie muss sich in den Begründungen unserer Lebenswelt bewähren.[27]

Das, was vernünftig ist, lässt sich nicht apriorisch bestimmen. Jede Theorie der Rationalität muss sich an den Begründungen messen lassen, die wir für akzeptabel halten. Da unsere Begründungen oft genug uneinheitlich sind, sich gelegentlich auch direkt widersprechen, sind wir gezwungen, abzuwägen, Gewichtungen vorzunehmen, unsere Begründungspraxis eben kohä-

---

27 Vgl. JNR, *Philosophie und Lebensform,* Frankfurt a. M. (2009), 1. Teil.

rent zu machen. Was wir für richtig halten und was für falsch, welche Gründe wir vorbringen für oder gegen eine Handlung, für oder gegen eine Überzeugung, für ein moralisches Gefühl oder eine Einstellung gegenüber anderen Personen, das alles ist Ausdruck unseres *menschlichen Selbstbildes*. Es lässt erkennen, wie wir uns als Menschen sehen. Es ist Ausdruck eines Menschenbildes. Da es in dieser Begründungspraxis direkt und indirekt um Wertungen geht, kann man dieses Menschenbild nicht lediglich als Beschreibung einer kulturellen etablierten Lebensform ansehen, sondern muss es *normativ* verstehen, also als Ausdruck einer Überzeugung, wie wir handeln, urteilen, fühlen und leben *sollten*.

Ein humanistisches Bildungsverständnis beruht auf dem *Ideal der Autonomie*. Die Fähigkeit, ein Leben nach eigenen Regeln, frei und verantwortlich zu führen, ist oberstes humanistisches Bildungsziel. Eine entwickelte *Urteilskraft* und *Entscheidungsfähigkeit* sind Voraussetzungen für ein autonomes Leben. Ich habe in anderen Schriften eine Konzeption entwickelt, wonach Rationalität, Freiheit und Verantwortung lediglich drei unterschiedliche Aspekte des gleichen Phänomens sind, nämlich der besonderen menschlichen Fähigkeit, sich von Gründen leiten zu lassen.[28] Im nächsten Kapitel sollen die Grundzüge dieser Konzeption dargestellt werden, weil die hier dargestellte Bildungstheorie darauf aufbaut.

---

28  Vgl. JNR Trilogie: *Strukturelle Rationalität. Ein philosophischer Essay über praktische Vernunft,* Stuttgart (2001); *Über menschliche Freiheit,* Stuttgart (2005); *Verantwortung,* Stuttgart (2011).

Kapitel III

# Rationalität, Freiheit, Verantwortung

*»Das Denken bleibt nicht eine weltfremde und ideale Fähigkeit, sondern bedeutet nun die Gesamtheit aller derjenigen Mittel, durch die das Handeln sinnvoll gemacht wird.«*[29]

Ein erneuerter Humanismus in Bildungsphilosophie und Bildungspraxis bedarf eines belastbaren Fundaments in der praktischen Philosophie. Der Humanismus als Bildungsprogramm vertraut auf die Vernunftfähigkeit der Menschen, unterscheidet sich aber vom Rationalismus darin, dass er die Rationalität nicht absolut setzt. Im folgenden Kapitel sollen drei Grundbegriffe der praktischen Philosophie für eine Erneuerung humanistischen Denkens fruchtbar gemacht werden: Rationalität, Freiheit und Verantwortung.

---

29 John Dewey, *Democracy and Education* (1916). Übersetzt von Erich Hylla, *Demokratie und Erziehung. Eine Einleitung in die philosophische Pädagogik,* Jürgen Oelkers (Hrsg.), Weinheim und Basel (2000).

# 1. Rationalität

In diesem Kapitel wollen wir versuchen, das Bildungsziel *Rationalität* präziser zu fassen. Das humanistische
Bildungsziel einer rationalen Praxis muss sich heute gegenüber zwei Hauptkonkurrenten behaupten. Der erste
ist die Theorie und Praxis instrumenteller Rationalität.
In der Ökonomie hat sich – sowohl in Wissenschaft wie
in weiten Bereichen der Praxis – ein Rationalitätsver-
ständnis etabliert, das man als instrumentell oder (besser) als konsequenzialistisch bezeichnen kann. Während
die Ursprünge des modernen ökonomischen Denkens
das gemeinsame Wohl aller als Maßstab rationaler Praxis nahmen (der Utilitarismus insbesondere der schotti-
schen Aufklärung), wurde dieses Konzept im Laufe der
Zeit durch das der rein instrumentellen Bestimmung
rationaler Entscheidung ersetzt. Demnach kann man
von (praktischer) Rationalität nur in Hinblick gegebener
Ziele des jeweiligen Akteurs sprechen. Diese Ziele selbst
entziehen sich jeder rationalen Beurteilung.

Dieses Verständnis von Rationalität hat schon deswegen eine gewisse Attraktivität, weil es gut zum Pluralis-
mus der modernen Kultur passt. Jeder Mensch darf und
muss für sich selbst bestimmen, was er für erstrebenswert hält, es gibt keine objektiven Werte, keine für alle
verbindliche Konzeption eines guten Lebens, keine über-
geordnete moralische Autorität. Ob eine Entscheidung
rational ist oder nicht, wird streng genommen zu einer
Frage der Empirie: Ist diese Entscheidung geeignet, um
die Ziele, die der Akteur hat, zu erreichen? Genauer: Ist

diese Entscheidung besser als alle anderen offenstehen-den dafür geeignet, diese Ziele zu realisieren? Sind die Wahrscheinlichkeiten, die dabei berücksichtigt werden müssen, richtig abgeschätzt? Ein rein instrumentelles Verständnis von Rationalität hat den Vorteil, dass die Klärung von (empirischen) Sachfragen ausreicht, um zu bestimmen, was rational ist.

Um ein gewisses Maß an Objektivität herzustellen, um überhaupt Empfehlungen und Prognosen aus der Sicht instrumenteller Rationalität machen zu können, müssen die möglichen Ziele der Individuen wieder ein-geschränkt werden. In der ökonomischen Theorie ge-schieht dies zum Beispiel dadurch, dass man annimmt, dass alle Akteure ausschließlich eigeninteressiert han-deln. Eine solche Annahme schließt zum Beispiel al-truistische Handlungsmotive aus oder zwingt diese umzuinterpretieren, nämlich als Ausdruck eines Eigen-interesses.

In der ökonomischen Theorie wird zudem eine dar-über hinausgehende Einschränkung dadurch vorge-nommen, dass das Eigeninteresse in Gestalt von Ertrags-optimierung oder Einkommensoptimierung, also als monetäre Größe, definiert wird. Man könnte kritisch einwenden, dass Einkommensoptimierung in vielen Fäl-len gar nicht im Eigeninteresse eines Individuums ist, aber damit würden die Möglichkeiten der Empfehlung und der Prognose empfindlich beeinträchtigt. Denn wie ließe sich dann das jeweilige Eigeninteresse bestim-men? Etwa dadurch, dass man doch wieder objektive Maßstäbe des guten Lebens einführt? Die Resultate der sogenannten Glücksforschung zeigen, dass es zwischen Einkommen und Glück nur im ärmeren Teil der Bevölkerung einen Zusammenhang gibt. Wenn das Eigeninteresse über Glück und Glück wiederum als ein bestimmter mentaler Zustand bestimmt wird, dann müssten die Empfehlungen der ökonomischen Theorie als irrational gelten, oder anders formuliert, dann wäre die ökonomische Rationalitätskonzeption inadäquat.

Der Haupteinwand gegen ein instrumentelles Verständnis von Rationalität ist jedoch ein anderer: Diese Form der Rationalität ist mit unserer geteilten Praxis der Begründung von Entscheidungen nicht verträglich. Wir alle sind uns darin einig, dass eine geäußerte Bitte einen guten Grund gibt, dieser Bitte zu folgen, wenn nicht gewichtigere Gründe dagegensprechen. Wir alle sind davon überzeugt, dass – jedenfalls unter bestimmten Bedingungen – Kooperation ein guter Handlungsgrund sein kann. Wir alle sind überzeugt davon, dass wir manchmal einen Grund haben, dankbar zu sein, und aus Dankbarkeit handeln sollten. Dass eine Handlung, die aus Dankbarkeit motiviert ist, nicht notwendigerweise irrational ist. Wir alle sind davon überzeugt, dass eingegangene Verpflichtungen einen Grund geben, diese Verpflichtungen zu erfüllen. Wir alle sind davon überzeugt, dass bestimmte soziale Rollen Pflichten mit sich bringen, die wir erfüllen sollten: die Pflichten der Eltern gegenüber ihren Kindern, der Lehrerin gegenüber ihren Schülern, der Politiker gegenüber der Öffentlichkeit, Loyalitätspflichten von Mitarbeitern, staatsbürgerliche Pflichten etc. Zudem scheint es ethische Prinzipien zu geben, denen wir unabhängig von bestimmten Rollen, die wir innehaben, oder Verpflichtungen, die wir eingegangen sind, gerecht werden sollten: Pflichten gegenüber Hilfsbedürftigen oder der Respekt vor anderen unabhängig von ihrer Herkunft, ihrem Glauben und ihrem Geschlecht gehören dazu.

Dies waren einige Bespiele für gute Handlungsgründe, die unumstritten sind, auch wenn ihre Gewichtung im konkreten Konfliktfall von Person zu Person unterschiedlich ausfallen mag. Jeder der hier aufgeführten Handlungsgründe kann eine Entscheidung rechtfertigen. Um dieser Behauptung zuzustimmen, benötigen wir keine philosophische Theorie. Gerade weil wir uns darin einig sind, weil wir keiner philosophischen Theorie bedürfen, um diese Überzeugung zu rechtfertigen, muss sich jede Ethik und jede Theorie der Rationalität an diesen Handlungsgründen messen. Nur wenn sich diese Handlungsgründe in der Theorie wiederfinden, wenn die Theorie ihnen gerecht wird, wenn also eine Entscheidung, die durch einen oder mehrere dieser hier aufgeführten Handlungsgründe gerechtfertigt ist, auch im Sinne der Theorie als rational gelten kann, können wir diese Theorie akzeptieren.

Wenn eine Theorie in Konflikt mit diesen von uns allen akzeptierten Handlungsgründen gerät, dann werden wir diese Theorie verwerfen. Die Theorien der Rationalität oder der Moral müssen sich an denjenigen Handlungsgründen messen lassen, die wir zugunsten einer Theorie nicht aufzugeben bereit sind. Eine Theorie der Rationalität ist nur in dem Maße plausibel, als sie den von uns allen akzeptierten Handlungsgründen gerecht wird.[30]

Die hier aufgeführten Handlungsgründe lassen sich zum größten Teil nicht von einer Theorie instrumenteller Rationalität erfassen, aus dem einfachen Grund, dass die meisten der von uns genannten Gründe gar nicht darauf gerichtet sind, ein möglichst günstiges Ergebnis zu erzielen. Wenn ich ein Versprechen gegeben habe, bin ich verpflichtet, dieses Versprechen zu halten, ganz unabhängig davon, welche Konsequenzen diese Handlung (das Versprechen halten) jeweils im Einzelfall hat. Wenn ich aus Dankbarkeit handle, dann liegt der Handlungsgrund in der Vergangenheit, nicht in der Zukunft (ich will damit nichts erreichen, insbesondere nicht, dass die Person mir auch in Zukunft Gutes tut). Eine Handlung aus Dankbarkeit ist anders motiviert als eine Handlung, die aus dem Kalkül heraus geschieht, dass der Betreffende mir auch in Zukunft etwas Gutes tut. Wenn ich erfahre, dass eine Person mir nur deswegen gedankt hat, um zu erreichen, dass ich in Zukunft etwas für sie Günstiges tue, dann werde ich diesen

---

30  Das ist kein Konventionalismus, das ist keine philosophische Position, die etwa meint, dass jeweils bestehende Konventionen darüber entscheiden, was richtig und was falsch ist, sondern dies ist eine logische Konsequenz der von uns allen geteilten Praxis des Gründegebens und Gründenehmens. Vgl. dazu ausführlicher Peter Sturma (Hrsg.): *Vernunft und Freiheit. Zur praktischen Philosophie von Julian Nida-Rümelin,* Berlin (2012), speziell dazu die Kritik von van der Pfordten und meine Replik darauf.

»Dank« gar nicht mehr als solchen interpretieren – ich weiß ja nun, dass die Person nicht aus Dankbarkeit, sondern aus anderen (eigennützigen) Motiven gehandelt hat. Der instrumentell rationale Akteur ist also gar nicht in der Lage, aus Dankbarkeit zu handeln. Wenn wir uns nicht der These verschreiben wollen, aus Dankbarkeit zu handeln sei grundsätzlich irrational, muss unsere Theorie der Rationalität so beschaffen sein, dass sie mit solchen Handlungsgründen vereinbar ist. Diese scheinbar triviale Forderung hat weitreichende Folgen für die Bildungsphilosophie: Rationalität können wir dann nicht mehr verstehen als die optimale Mittelwahl, um unser eigenes Wohl zu optimieren oder andere auf die Zukunft gerichtete Veränderungen zu erreichen. Rationalitätstheorien, die die Förderung des eigenen Wohls zum Maßstab nehmen, scheitern an dieser Forderung ohnehin, aber interessanterweise auch alle konsequenzialistischen Rationalitätstheorien. Unter konsequenzialistischen Theorien verstehen wir solche, die Handlungen – als Optimierung der Konsequenzen des Handelns – interpretieren.

Da dies ein ganz entscheidendes Element unserer Argumentation ist, seien noch einige Erläuterungen hinzugefügt. Nehmen wir an, eine Person sagt, »das Einzige, was mich interessiert, ist mein eigenes Wohlergehen«. Angenommen weiter, die Person könnte genau angeben, was ihr Wohlergehen ausmacht. Wenn sich dieses Wohlergehen zum Beispiel als materieller Wohlstand bestimmen ließe, dann wäre das Einzige, was diese Person interessiert, ihr materieller Wohlstand und es scheint dann für sie rational zu sein, alles zu tun, was diesen Wohlstand mehrt, und alles zu unterlassen, was diesen mindert. Wenn sie zwei Handlungsoptionen hat, von denen die eine günstiger für die Wohlstandsmehrung ist, dann sollte sie diese Handlung wählen (»sollte« im Sinne von »ist es für sie rational«). Den meisten Menschen kommt eine solche Rationalitätskonzeption keineswegs abwegig vor. Es mag sein, dass einige Menschen diese und andere Ziele haben, aber der Egoismus als Lebenshaltung, ja sogar, wenn dieser mit einem Materialismus kombiniert wird, scheint nicht von vornherein abwegig zu sein. Manche werden einwenden, unter moralischen Gesichtspunkten sei eine egoistische Lebenseinstellung abzulehnen, aber es sei durchaus denkbar, dass eine Person alle ihre Handlungen aus egoistischen Motiven vollzieht.

Die Argumentation, die wir in diesem Kapitel skizziert haben, besagt jedoch, dass es eine solche Praxis gar nicht geben kann. Eine Person, die so handelte, fiele aus allen sozialen und kulturellen Bezügen heraus, sie wäre unfähig, zu kommunizieren, zu kooperieren, soziale Rollen wahrzunehmen und Vereinbarungen zu treffen, kurz: Eine solche Praxis ist mit einer humanen Lebensform unvereinbar. Ja, noch mehr, eine Person, die nicht nur behauptet, sie sei egoistisch motiviert, sondern tatsächlich in jedem Einzelfall ihre Handlung aus egoistischen Motiven wählt, würde für uns gar nicht mehr als Person wahrgenommen, sie erschiene uns unverständlich, sie wäre in diesem Sinne keine »Person«, kein Wesen mit einer zuschreibbaren personalen Identität, die sich in Gründen, die sie für ihre Überzeugungen und ihre Handlungen hat, manifestiert.

Paradoxerweise würde eine Person, die in jedem Einzelfall (vor eine Entscheidung gestellt) ihr Wohlergehen maximiert, sich den Menschen entfremden, keine Kooperationspartner finden, sich – vorausgesetzt, sie ist nur konsequent genug – sogar nicht mehr verständigen und schon deswegen kein zufriedenes Leben führen können, also gerade das oberste Ziel ihres Handelns verfehlen. Nun könnte man einwenden: Aber wie kann es sein, dass eine Person, die wir so definiert haben, dass sie in jedem Fall ihr Eigeninteresse optimiert, am Ende gegen ihre eigenen Interessen handelt, da die Lebensform, die daraus resultiert, auch für sie selbst nicht wünschenswert ist? Zeigt das nicht, dass eine rationale, ausschließlich am eigenen Wohl orientierte Praxis solche misslichen Konsequenzen ausschließt?

Dieser Einwand übersieht die Rolle, die Regeln für die menschliche Praxis spielen. Unsere gesamte Verständigungspraxis beruht darauf, dass wir bestimmten Regeln folgen. Jemand, der zu jedem Zeitpunkt, in dem er eine Handlung vollzieht, diese konsequent so wählt, dass das eigene Wohlergehen dadurch optimiert wird, verletzt systematisch, das heißt immer dann, wenn die betreffende Regelbefolgung mit der Optimierung des eigenen Wohlergehens kollidiert, jene Regeln, deren Einhaltung erforderlich ist, um eine kohärente und verständliche, die Verständigung und die Interaktionen tragende Praxis zu realisieren.

Wir können dieses Ergebnis verallgemeinern: Jede

Praxis, die sich aus lediglich instrumentell rationalen Entscheidungen zusammensetzt, ist mit einer menschlichen Lebensform unvereinbar. Das ist der Kern meiner Konsequenzialismuskritik, die ich hier nicht in allen Details darstellen kann.[31] Die menschliche Lebensform, die alltägliche Verständigung, die sozialen Rollen, die wir einnehmen, die Vereinbarungen, die wir treffen, die alltägliche menschliche Praxis ist *deontologisch* verfasst: Sie ist durch Regeln konstituiert, die wir auch dann befolgen (müssen), wenn dies im Einzelfall nicht optimal ist (in welchem Sinne auch immer, dem des Eigeninteresses oder im Sinne anderer Ziele des Handelns). Eine Praxis, die in jedem Einzelfall ihre Konsequenzen optimiert, eine konsequenzialistische Praxis, wäre in einem sehr fundamentalen Sinne inhuman, nämlich unvereinbar mit der menschlichen Lebensform.

Die Konsequenzen für eine Philosophie humaner Bildung sind weitreichend. Wir müssen die lebensweltliche Praxis, in der eine Vielfalt von Gründen unser Handeln bestimmt, gegen vermeintliche Systemrationalitäten verteidigen. So gibt es keine ökonomische Rationalität neben und außerhalb dieser lebensweltlichen Praxis. Auch in der Ökonomie wird kommuniziert, werden Gründe ausgetauscht, werden Menschen mit ihren Charaktermerkmalen ernst genommen und beurteilt, wird koope-

---

31 Vgl. JNR, *Kritik des Konsequentialismus*, München (1995) sowie *Economic Rationality and Practical Reason,* Heidelberg (1997) und *Strukturelle Rationalität. Ein philosophischer Essay über praktische Vernunft*, Stuttgart (2001).

riert und moralisch gewertet. Die Idee eines ökonomischen Marktes als moralfreier Zone ist bestenfalls weitab jeder Realität und schlimmstenfalls ein reiner Zynismus, für den die Bürgerinnen und Bürger in den vergangenen Jahren mit ihren Steuergeldern schon teuer haben bezahlen müssen. Auch die verallgemeinerte Fassung, wie sie die Systemtheorie von Niklas Luhmann[32] präsentiert, wonach nicht Individuen handeln, sondern Systeme mit ihren jeweiligen internen Logiken und ihrem Bestreben nach Selbsterhalt, ist ein inhumanes, ja antihumanistisches Konzept. Es verabsolutiert inhumane Tendenzen moderner Bürokratie und ökonomischer Unternehmen. Es macht die Versuche, sich aus der lebensweltlichen Vernunft herauszulösen, zum Programm.

Der erneuerte Humanismus, für den ich plädiere, stellt dem die *verantwortliche Persönlichkeit* gegenüber, die sich durchhaltende Gründe hat, erkennbar ist in den Gründen, die sie vorbringt, und die den Kern humaner Praxis, den respektvollen Umgang keiner Form von Instrumentalisierung opfert. Aber auch der vermeintliche Antipode zu Konsequenzialismus und instrumenteller Rationalität, das postmoderne Verständnis menschlicher Praxis, ist mit einer Philosophie humaner Bildung nicht verträglich. Die Verabschiedung des Subjektes, die Kritik aller Vernunft, beendet auch alle verantwortliche Praxis. Der sympathische Versuch, Humanismus und

_____

32  Vgl. Niklas Luhmann, *Soziale Systeme. Grundriß einer allgemeinen Theorie,* Frankfurt a. M. (1984).

Postmoderne miteinander zu verbinden, wie er etwa von Richard Rorty[33] unternommen wird, scheitert letztlich darin, dass gute Gründe zu bloßen Wünschen und kulturellen Prägungen werden. Der Humanismus generell und eine humane Bildungsphilosophie speziell finden sich nicht mit den je etablierten Verhältnissen ab. Sein kritisches Potenzial kann er aber nur so lange bewahren, als er sich nicht auf die Zufälligkeiten der kulturellen Entwicklung alleine, sondern eben auch auf das Argument, die besseren Gründe stützen kann. Wer gute Gründe als Chimären verabschiedet und sie lediglich zu kontingenten Merkmalen einer so oder so etablierten kulturellen Praxis macht, verabschiedet – ungewollt – die Idee der Humanität. Der Austausch von Gründen bleibt dann auf den jeweiligen kulturellen Kontext beschränkt, bleibt partikular und kontingent.

Interessanterweise ist der Modus unserer Kritik, sowohl der Kritik an instrumenteller Rationalität wie an der postmodernen Verabschiedung aller Rationalität, der gleiche: Wir bringen die lebensweltliche Praxis dieses Austauschens von Gründen gegen die Überspanntheit einer Instrumentalisierung und Ökonomisierung aller Lebensverhältnisse ebenso in Stellung wie gegen die Auflösung aller Rationalität in je vorfindlichen kulturellen Praktiken. Es ist die lebensweltliche Praxis des Gebens und Nehmens von Gründen selbst, die gegen die Hypotrophien des einen wie des anderen Typs

---

33  Vgl. Richard Rorty, *Contingency, Irony, and Solidarity*, Cambridge (1989).

sprechen. Wir können der Robustheit dieser lebensweltlichen Praxis vertrauen. Wir können uns ohnehin aus diesen nicht lösen, insofern bleiben beide Hypotrophien letztlich theoretisch, wenn sie auch gelegentlich ungute praktische Konsequenzen haben. Eine humanistische Bildungsphilosophie und -praxis knüpft an das lebensweltlich Etablierte an, schützt die lebensweltliche Praxis vor den Übergriffen systemischer Rationalität und postmoderner Skepsis, setzt auf die Vernunftfähigkeit des Einzelnen und dessen Angewiesenheit auf gleichwürdige Interaktion und Kooperation.

## 2. Freiheit

>*Der wahre Zwek des Menschen – nicht der, welchen die wechselnde Neigung, sondern welchen die ewig unveränderliche Vernunft ihm vorschreibt – ist die höchste und proportionirlichste Bildung seiner Kräfte zu einem Ganzen. Zu dieser Bildung ist die Freiheit die erste, und unerlässliche Bedingung.*«[34]

Für das humanistische Denken sind Freiheit und Rationalität eng miteinander verwoben. Schon in der griechischen Klassik wird den Philosophen bewusst, dass es so etwas gibt wie theoretische Freiheit, das heißt eine

---

34  Wilhelm von Humboldt, *Ideen zu einem Versuch, die Gränzen der Wirksamkeit des Staats zu bestimmen* (1792).

Freiheit des Urteils und der Überzeugung. Platons Philosophie ist ein besonders radikaler Ausdruck dieser Verbindung von Rationalität und Freiheit. Die praktische Freiheit, die Freiheit des Handelns und des Wollens, ist in der Platonischen Philosophie eine Folge der theoretischen Freiheit, der Freiheit des Urteils. Für Platon ist falsches Handeln Ausdruck falscher Überzeugung. Wer die richtigen Überzeugungen hat, handelt auch richtig. Aber sich die richtigen Überzeugungen anzueignen, ist Sache des freien, auf der Abwägung von Gründen beruhenden Urteils. Falsches Handeln ist für Platon Ausdruck falschen Urteils. Falsches Urteil kommt zustande, weil die Gründe nicht sorgfältig genug abgewogen worden sind. Die literarische Form, die Platon wählt, der Dialog, ist Ausdruck eines umfassenden Vernunftvertrauens, der Erwartung, dass alle diejenigen, die sich auf das Argument einlassen, am Ende zu den richtigen Überzeugungen gelangen. Da sich jedoch nicht alle auf das bessere Argument einlassen und viele anderen Motiven folgen, fallen diese als Dialogpartner aus und können nicht als frei und verantwortlich gelten. Sie bedürfen der Führung durch andere, nämlich derjenigen, die ihre Entscheidungen ausschließlich auf das bessere Argument stützen, derjenigen, die erkenntnisorientiert handeln.

Hier liegt der entscheidende Unterschied zwischen Platon und Dewey, zwischen platonischem Idealismus und Dewey'schem Pragmatismus: Während Dewey allen die Fähigkeit zutraut, sich vom besseren Argument leiten zu lassen, allen zutraut, den notwendigen Respekt gegenüber abweichenden Meinungen aufzubringen, und daher die Demokratie mit dem Ideal einer Gemeinschaft der Forschenden verbindet[35], meint Platon, dass die anspruchsvolle philosophische Bildung nur von wenigen errungen werden kann. Somit stellt sich die Frage, wie die Zustimmung der anderen zur Leitung durch die wenigen erreicht werden kann. Das Todesurteil, das eine demokratische Versammlung über Sokrates fällte, diese schockierende Erfahrung Platons nährt (offenkundig auch bei Platon selbst) den Zweifel, ob die Besonnenheit der vielen, die *sōphrosynē* (gr.: *σωφροσύνη*), ausreicht, um die politische Praxis auf das bessere, wissenschaftlich begründete Urteil der wenigen zu stellen. Wenn man den Humanismus der Neuzeit mit Platon und Aristoteles vergleicht, dann stellt sich diese große Denkbewegung der Antike als eine beständige Erweiterung dieser Idee, Freiheit und Vernunft miteinander zu verbinden, dar. Die Stoiker erkennen die Gleichrangigkeit, die gleiche Würde aller Menschen. Der Renaissance-Humanismus entdeckt als einen wesentlichen Aspekt einer Kultur der Freiheit die menschliche Empfindsamkeit und führt die von Platon noch verachtete Poesie als Medium menschlicher Vervollkommnung ein.

Dieser Übergang von philosophischer Einsicht zu künstlerischer Ansicht und schließlich allgemeiner kultureller Praxis wiederholt sich mit dem Neuhumanismus des 19. Jahrhunderts. Es ist das Vorspiel zur Befreiung der Kunst von den traditionellen Formen und Inhalten.

---

35  Vgl. John Dewey, *Democracy and Education* (1916).

Die Radikalität der Moderne des 20. Jahrhunderts ist ohne die Freiheitsimpulse des 19. Jahrhunderts nicht denkbar. Dass diese Moderne schließlich in radikale Inhumanität in Gestalt von Stalinismus und Nazismus, in Gestalt einer Industrie des Todes, zweier Weltkriege und schließlich des Völkermordes am europäischen Judentum umschlägt, ist eine bittere Mahnung, den humanen Gehalt der Freiheitsidee zu wahren und zugleich der Entfesselung von traditionellen und ethischen Bindungen ein Ethos der Verantwortung (vgl. III. 3) entgegenzustellen. Für Immanuel Kant ist der Mensch als Vernunftwesen frei, mit der vielleicht paradox erscheinenden Konsequenz, dass Handeln aus Pflicht Ausdruck menschlicher Freiheit ist. Freiheitsgesetze bestimmen ein Handeln aus Pflicht. Eine autonome Person handelt aus Achtung vor dem Sittengesetz und zeigt gerade in ihrer Fähigkeit, sich von ihren jeweils sich wirksamen Neigungen zu distanzieren, ihnen dann nicht zu folgen, wenn diese Praxis in Konflikt mit dem Kategorischen Imperativ käme.

Gerade wenn man die enge Verkoppelung von Vernunft und Freiheit aufrechterhält, wird deutlich, dass die Kantische Freiheitstheorie auf halbem Wege stehen bleibt. Jede von Gründen geleitete Praxis ist Ausdruck menschlicher Freiheit, auch die amoralische, ja sogar die unmoralische. Hier stehen sich nicht die pragmatischen Imperative des Glücksstrebens und die moralischen Imperative des Kategorischen Imperativs gegenüber, sondern schon im Handlungsbegriff selbst ist der Freiheitsaspekt, die besondere menschliche Fähigkeit, aus

Gründen zu handeln, enthalten. Auch die lediglich an ihrem eigenen Wohlergehen interessierte Person kann nicht jeweils ihren Augenblicksneigungen folgen. Auf diese Weise würde sie ihrem eigenen Wohlergehen auf Dauer zuwiderhandeln. Eine vernünftige Praxis zeichnet sich dadurch aus, dass die einzelnen Handlungen auch im Zeitverlauf zueinander passen, dass sie einen Sinn ergeben, dass sie als Ausdruck sich durchhaltender Wertungen und Erwartungen, normativer und deskriptiver Überzeugungen interpretiert werden können. Da Handlungen immer Ausdruck einer Stellungnahme sind, was sich unter anderem darin äußert, dass der Akteur für seine Handlungen immer Gründe angeben kann, ist jede Handlung Ausdruck menschlicher Freiheit. Unser Verhalten ist in einem fundamentalistischen Sinne frei, sofern es Handlungscharakter hat.

Man könnte entgegenhalten, dass es doch erzwungene Handlungen gibt, Handlungen, die wir nicht aus freien Stücken vollziehen. Aber auch dann, wenn die Entscheidungsbedingungen ungünstig sind, wenn zum Beispiel jemand anders dafür gesorgt hat, dass Handlungen, die ich ansonsten vorgezogen hätte, ungünstige Konsequenzen haben, wenn ich zum Beispiel bedroht werde, ist es meine Entscheidung, was ich tue, ist die betreffende Handlung Ausdruck einer Stellungnahme und Ergebnis der Abwägung von Handlungsgründen. Unser alltäglicher Sprachgebrauch ist da recht verlässlich. Wenn ich in einem abgesperrten Zimmer bin und es für mich keine Möglichkeit gibt, die Tür zu öffnen, dann sprechen wir nicht davon, dass ich entschieden hätte, in diesem Zimmer zu bleiben, dass der Verbleib einer Handlung entsprach. Wenn ich dagegen die Tür hätte öffnen können und mir das auch bekannt war, dann wäre der Verbleib eine eigene Entscheidung, eine Handlung. In diesem Fall wäre ich frei und verantwortlich. Wenn mir nun jemand im Falle, dass ich das Zimmer verlasse, etwas androht, ist es meine Entscheidung, im Zimmer zu verbleiben oder eben das Zimmer zu verlassen. Für beides mag es Gründe geben, und je nachdem, für was ich mich entscheide, kann ich diese Gründe zur Rechtfertigung der Handlung anführen. Es macht also einen wesentlichen Unterschied, ob die Tür abgesperrt war und ich keine Möglichkeit hatte, das Zimmer zu verlassen, oder ob ich mit negativen Konsequenzen rechnen musste, für den Fall, dass ich das Zimmer verlasse. Man mag dann sagen, ich sei von einer anderen Person »gezwungen« gewesen, im Zimmer zu bleiben, aber dieser Zwang enthebt mich nicht der Abwägung, was zu tun ist, er belässt mir meine Freiheit in diesem fundamentalistischen Sinne.

Willensschwäche ist ein Verlust an Freiheit. Willensschwach ist derjenige, der in der Abwägung der Gründe zu dem Ergebnis kommt, dass es besser wäre, x zu tun, aber dann doch (wieder) y tut. Der Raucher, der sich vorgenommen hat, mit dem Rauchen aufzuhören, und sich dennoch die nächste Zigarette anzündet. Befragt, warum er das tut, wird er vielleicht antworten, dass er nun gerade ein starkes Bedürfnis hat, den Geruch einer frisch angezündeten Zigarette wahrzunehmen, oder dass er damit einer Konzentrationsschwäche, die er gerade bei sich bemerkt habe, entgegenwirken wolle. Konfrontiert mit diesem »Widerspruch« zwischen der Überzeugung, dass es für ihn besser wäre, mit dem Rauchen aufzuhören, und der vollzogenen Handlung, sich wieder eine Zigarette anzuzünden, wird er vielleicht sagen, dass er eben willensschwach sei, dass er dem, was er eingesehen habe, immer wieder zuwiderhandele. Bei schwer Drogenabhängigen mag man sogar zum Ergebnis kommen, dass das Verhalten des Süchtigen keinen Handlungscharakter mehr habe, dass das Setzen der nächsten Spritze eher als eine bloße Reaktion auf physiologische Veränderungen zu interpretieren sei denn als eine Handlung. Wenn eine Person nicht mehr in der Lage ist, Gründe für ihr Verhalten zu nennen, dann mag man das als Indiz dafür nehmen, dass dieses Verhalten keinen Handlungscharakter hatte, also kein Ausdruck menschlicher Freiheit war. Allerdings neigen wir in einer durch Jahrhunderte der naturalistischen Propaganda geprägten Kultur dazu, die menschliche Freiheit zu unterschätzen. In immer wieder neuen Anläufen wurde dargelegt, dass das, was uns als verantwortliche und freie Handlung zugeschrieben wird, in Wirklichkeit kausalen Notwendigkeiten entspreche, die wir nicht durchschauten und die uns dieser Verantwortung entheben und die Annahme menschlicher Freiheit illusionär machten[36] (vgl. II. 2). Der Galgentest, den Immanuel Kant vorgeschlagen hat,

---

36  Vgl. Wolf Singer, *Der Beobachter im Gehirn. Essays zur Hirnforschung,* Frankfurt a. M. (2002) sowie Gerhard Roth, *Aus Sicht des Gehirns*, Frankfurt a. M. (2003).

ist nicht recht sympathisch, aber er trifft den Kern.[37] Wenn ein Straftäter vor Gericht ausführt, dass er für seine Tat nicht zur Verantwortung gezogen werden kann, da er sie nicht aus freien Stücken vollzogen habe, dann stelle man folgendes Gedankenexperiment an: Hätte der Beschuldigte die Tat auch dann vollzogen, wenn ihm bewusst gewesen wäre, dass er unmittelbar nach Vollzug wegen dieser Tat am Galgen gehängt worden wäre? Sofern diese Frage zu verneinen ist, muss man davon ausgehen, dass der Beschuldigte zur Rechenschaft gezogen werden kann, da er auch anders hätte handeln können.

Das Phänomen der Willensschwäche ist besonders gut geeignet, um zu klären, was menschliche Freiheit ausmacht. Der willensschwache Mensch erfährt nämlich diese Schwäche als Einschränkung seiner Autonomie, seiner Selbstbestimmung. Er handelt nicht so, wie er eigentlich handeln will. Seine Lebenspraxis als Ganzes findet nicht seine Zustimmung. Derjenige, dessen Praxis im Einklang mit seinen eigenen Bewertungen und Überzeugungen ist, fühlt sich frei, er lebt so, wie er will, er bestimmt sich selbst, er ist Autor seines Lebens. Für die heute dominierende Theorie der Rationalität lässt sich Willensschwäche begrifflich gar nicht erfassen. Denn wenn Rationalität darin besteht, die jeweils im Augenblick wirksamen Wünsche und Überzeugungen (optimal) zu realisieren, dann ist diese Form von »Freiheit« auch im Falle der Willensschwäche gegeben. Er tut

---

37  Immanuel Kant, *Grundlegung zur Metaphysik der Sitten* (1785).

schließlich das, was er will, er wünscht eine Zigarette zu
rauchen und zündet sich eine Zigarette an. Was sollte
er sonst tun, um sich diesen Wunsch zu erfüllen? Man
kann das zu retten versuchen, indem man Wünsche
zweiter Ordnung einführt, die die Wünsche erster Ordnung beurteilen.[38] Demnach wäre der Willensschwache
so zu charakterisieren, dass er Wünsche erster Ordnung
realisiert, die von seinen Wünschen zweiter Ordnung
nicht gewünscht werden. Aber es bleibt beim bloßen
Faktum. Das Entscheidende jedoch ist, dass die Wünsche
zweiter Ordnung als Korrektiv verstanden werden müssen, also als begründete Kritik der Wünsche erster Ordnung. Es ist nicht Ausweis des Personenstatus oder gar
einer höher entwickelten Rationalität, Wünsche zweiter
Ordnung zu haben, sondern Indiz dafür, dass die eigene
Lebensform nicht kohärent ist, dass die Person nicht das
tut, was sie eigentlich will, und dass die Abwägung von
Gründen einen unzureichenden Einfluss auf das hat,
was sie tut.

Menschliche Freiheit besteht darin, das zu tun, was
dem eigenen (normativen) Urteil entspricht, vorausgesetzt, dieses Urteil beruht auf einer angemessenen Abwägung von Gründen.[39] Eine angemessene Abwägung
praktischer Gründe führt zu einer insgesamt kohärenten
Lebensform. Wenn ich weiß, dass es mir in einigen Jahren wichtig sein wird, einen guten Studienabschluss zu

---

38  Harry Frankfurt, »Freedom of the Will and the Concept of a
    Person«, in: Gary Watson, *Free Will,* Oxford (1982), S. 81 – 95.

39  JNR, *Über menschliche Freiheit,* Stuttgart (2005).

haben, dann beginne ich jetzt mit den Vorbereitungen auf das Examen, auch wenn meine Augenblicksneigungen in eine andere Richtung gehen sollten. Für das kleine Kind ist eine solche zeitliche Strukturierung schwierig. Es wägt Gründe ab, aber diese sind augenblicksbezogen und garantieren keine Kohärenz über die Zeiten hinweg. Die Aufmerksamkeit ist jeweils auf das Naheliegende und sinnlich Erfahrbare gerichtet, daher neigt das kleine Kind dazu, sich selbst zu gefährden. Reflektierte kleine Kinder legen daher Wert darauf,»dass jemand auf sie aufpasst«, wohl wissend, dass sie sich jederzeit selbst gefährden können. Diese Erkenntnis der eigenen Unzulänglichkeit ist aber nicht hinreichend, um diese zu überwinden. Es bedarf eines langen Bildungsweges, um Autonomie in dem oben skizzierten substanziellen Sinne zu garantieren, also die Freiheit, so zu leben, wie man nach gründlicher Abwägung leben will. Diese Form menschlicher Freiheit beruht auf Urteilskraft und Entscheidungsstärke. Urteilskraft allein genügt nicht, denn Willensschwäche verhindert, dass das wohlerwogene Urteil sich in der Praxis niederschlägt. Entscheidungskraft allein reicht ebenfalls nicht, denn Willensstärke garantiert zwar, dass das jeweilige Urteil in die Praxis umgesetzt wird, aber wenn dieses Urteil unzuverlässig, schwankend, von der Abwägung von Gründen unzureichend geprägt ist, dann garantiert Willensstärke noch keine Freiheit, keine Autonomie, keine *Autorschaft des eigenen Lebens.*

Der Kern der Autorschaft, das Selbstverständnis als entwickelte moralische Person, ist die Fähigkeit, Gründe abzuwägen und aufgrund dieser Abwägung zu handeln, also Urteilskraft und Entscheidungsstärke zu besitzen. Das unvollendete Projekt der Aufklärung besagt, die Bildung ganz auf das Ziel einer freien, autonomen Person auszurichten.[40] Bildung soll nicht Untertanen schaffen, Bildung soll nicht das Funktionieren der Ökonomie sicherstellen, Bildung soll keinen ideologischen Zielen dienen, sondern Bildung ist der Weg zur autonomen, zur selbstbestimmten Existenz. *Das oberste Bildungsziel ist menschliche Freiheit.*

## 3. Verantwortung

Die Fähigkeit, vernünftige, wohlbegründete Überzeugungen auszubilden (1), die Fähigkeit zu einer autonomen Lebensgestaltung (2) und die Fähigkeit, Verantwortung wahrzunehmen (3), sind die zentralen Bildungsziele eines erneuerten Humanismus. Interessanterweise sind diese drei spezifisch menschlichen Fähigkeiten – *Rationalität*, *Freiheit*, *Verantwortung* – nur drei Aspekte einer grundlegenderen, nämlich derjenigen, sich von Gründen affizieren, sich von Gründen leiten zu lassen. Unsere Überzeugungen sind sicherlich auch Ergebnis deterministischer und probabilistischer Prozesse, aber eben

---

40  Vgl. Rainer Winkler (Hrsg.), *Pädagogische Epochen*, Düsseldorf (1988).

nicht nur. Unsere Überzeugungen sind auch das Ergebnis von Deliberationen, des Abwägens von Gründen. In diesem Sinne setzt Rationalität Freiheit voraus. Die Fähigkeit, Gründe abzuwägen, gibt uns eine Freiheit der Überzeugungen, eine *theoretische* Freiheit.

Mit unseren *Handlungen* steuern wir unser Verhalten als Ganzes. Wir haben Gründe für unsere Handlungen, unsere Handlungen beruhen also ebenfalls auf Deliberationen. Die Freiheit des Handelns und die Freiheit des Urteilens, die *praktische* und die *theoretische Freiheit,* sind also eng miteinander verbunden. Eine theoretische ohne eine praktische Freiheit ist schwer vorstellbar. Überzeugungen äußern sich wenigstens zum Teil in Handlungen. Die Praxis repräsentiert unsere Überzeugungen, unsere Überzeugungen bewähren sich an der Praxis. In dieser zurückhaltenden Formulierung nehme ich Bezug auf die pragmatistische Philosophie, ohne mir deren Positionen als Ganze zu eigen zu machen.[41] Besonders eng sind diese beiden Erscheinungsformen von Freiheit, die theoretische und die praktische, in der wissenschaftlichen und technologischen Praxis verbunden. Es sind wissenschaftliche Hypothesen, die bestimmte Experi-

---

41 Die Klassiker des Pragmatismus sind: Charles S. Peirce, William James und John Dewey. Einen guten Überblick bietet zum Beispiel die Textsammlung von Ekkehard Martens, *Pragmatismus*, Stuttgart (2002): Charles S. Peirce, »Die Festlegung einer Überzeugung«, S. 61–98; »Was heißt Pragmatismus?«, S. 99–127. William James, »Der Wille zum Glauben«, S. 128–160; »Der Wahrheitsbegriff des Pragmatismus«, S. 161–187. John Dewey, »Pragmatismus und Pädagogik«, S. 203–246.

mente anleiten, und das Ergebnis dieser Experimente beeinflusst wiederum die wissenschaftliche Meinungsbildung. Wenn wir in unserer Praxis außerstande wären, uns von Gründen anregen zu lassen, könnte es keine Wissenschaft geben. Bestimmte Thesen einzelner Neurowissenschaftler sind bereits deshalb unhaltbar: Wenn es tatsächlich keinerlei Einfluss von Gründen auf unsere Entscheidungen gäbe, wenn unsere Überzeugungen keine Rolle spielten für das, was wir tun, dann könnte es die wissenschaftliche Praxis, das wissenschaftliche Experiment, die Suche nach Bewährung von Hypothesen und Theorien nicht geben. Wer meint, dass bewusste Prozesse, zumal das Abwägen von Gründen, irrelevant sind für das, was wir tatsächlich tun, bestreitet die Voraussetzung wissenschaftlicher Theoriebildung und damit die Voraussetzung seiner eigenen Argumentation. Keine theoretische Freiheit ohne praktische und keine praktische ohne theoretische. Da fast niemand theoretische Freiheit bezweifelt, macht es auch wenig Sinn, praktische Freiheit zu bezweifeln.

*Verantwortung* ist der dritte Aspekt unserer Fähigkeit, Gründe abzuwägen und sie sich zu eigen zu machen. Ich meine hier Verantwortung in einem sehr grundsätzlichen, wer will, mag sagen, metaphysischen Sinne, nicht in dem oberflächlichen, in dem man etwa fordern kann, dass man keine Freiheit gewähren dürfe, ohne Verantwortung einzufordern. Weit grundsätzlicher: Wir sind für jede unserer Handlungen verantwortlich, nicht nur für die eine oder andere. Wir sind für sie sogar im Wortsinne ver-antwortlich: Wir können und müssen gegebe-

nenfalls Antworten geben auf die Frage: »Warum hast
du das getan?« Es scheint mir sogar offenkundig zu sein,
dass es einen begrifflichen Zusammenhang zwischen
Handlung und Verantwortung gibt: Handlungen kann
man definieren als diejenigen Bestandteile unseres Verhaltens, für die wir verantwortlich sind. Wir sind verantwortlich für unsere Handlungen, weil wir Gründe haben,
sie zu vollziehen. Von anderen werden wir mit unseren
Gründen identifiziert: »Sage mir, welche Gründe du
hast, etwas zu glauben oder etwas zu tun – und ich sage
dir, wer du bist.« Gründe müssen nicht mitgeteilt werden, um wirksam zu sein. Wir haben Gründe, ohne diese
formulieren zu können. Tiere haben Gründe, wenn sie
eine hinreichend komplexe Intentionalität entwickelt
haben. Tiere haben Erwartungen, wägen gelegentlich
ab, was zu tun sei, können sogar (wie jüngere Forschungen zeigen) ihren eigenen Wissensstand einschätzen,
zeigen ein Verhalten, um ein anderes Tierindividuum
irrezuführen, haben sogar eine Vorstellung der eigenen
Identität.[42] Schimpansen bestehen den berühmten Spie-
geltest, das heißt, sie entfernen einen Kreidefleck auf ihrer Stirn, wenn sie sich im Spiegel (an)schauen, und zeigen damit, dass sie wissen, was sie da im Spiegel sehen
(Katzen scheinen dies zum Beispiel nicht zu tun). Auch
Aphatiker (Menschen, die ihre Sprache zum Beispiel
durch einen Hirntumor verloren haben) können kohä-

---

42 Vgl. Robert Hampton, »Metacognition as evidence for explicit
   representation in nonhumans«, in: *Behavioral and Brain Scien-
   ces*, 26 (2003), S. 346–347.

rent handeln und ihre Wünsche zum Ausdruck bringen. Auch sie verfügen – ohne Sprache – über die Fähigkeit, Gründe abzuwägen und sich von Gründen affizieren zu lassen.

Wir sind nicht nur für unsere Praxis, sondern auch für unsere Überzeugungen verantwortlich, sofern wir für diese Gründe haben. Da Überzeugungen und Handlungen ohnehin eng miteinander verkoppelt sind, sind wir für das Gesamt unserer Praxis, die unsere Überzeugungen und unsere Wünsche repräsentiert, verantwortlich, wir sind für unser Leben verantwortlich. Autorin des eigenen Lebens zu sein, heißt nichts anderes, als (hinreichend) frei (autonom) zu sein und damit (ipso facto) für das eigene Leben verantwortlich zu sein.

Der (neohumanistische) Verantwortungsbegriff, für den ich plädiere[43], geht weit über den Kantischen hinaus. Es ist nicht mehr allein das Handeln aus Achtung vor dem Sittengesetz, das den vernünftigen, autonomen Akteur ausmacht, sondern die Praxis als Ganze. Je kohärenter die Praxis, je klarer die Lebensform als Ganze von Gründen strukturiert ist, desto vernünftiger (und autonomer) ist die betreffende Person. Sie gewinnt an Freiheit dadurch, dass sie sich von ihren Augenblicksneigungen distanziert und sich von Gründen leiten lässt. Ein wünschenswerter Nebeneffekt dieser Strukturierung ist, dass die Gelegenheiten, in denen sie Grund hat, ihre Handlungen zu bereuen, seltener werden. Schließlich

---

43  Detaillierter in JNR, *Verantwortung*, Stuttgart (2011).

sind es nicht die eigenen Wünsche, die in letzter Instanz die Praxis in einer vernünftigen Person bestimmen, sondern ihre Gründe. Es ist nicht die Gratifikation, die sie erwarten kann, sondern die normative Überzeugung, was richtig ist, die bestimmt, was sie tut und was sie glaubt. Die Verantwortung, die sie als vernünftige Person hat, bezieht sich auf das Gesamt ihrer Lebensform. *Lebensform* ist aber nicht lediglich das Verhalten der Person, das, was sichtbar und »öffentlich« ist. Ein Verhalten wird zur Lebensform erst dadurch, dass es interpretiert wird, dass wir es als Ausdruck von Überzeugungen und Absichten interpretieren. Erst wenn die Intentionalität des Akteurs ins Spiel kommt, wird aus bloßem Verhalten eine Praxis. Eine Praxis erscheint uns sinnvoll, sofern es uns gelingt, diese zu verstehen, das heißt sie als von stimmigen Gründen geleitet zu interpretieren. In manchen Fällen helfen uns die Akteure, indem sie Auskunft geben über das, was sie motiviert, über ihre Überzeugungen und Absichten. Der Bildungsprozess, den Menschen mit ihrer Geburt zu durchlaufen beginnen, besteht in der allmählichen Herausbildung einer in sich stimmigen, einer vernünftigen, einer verantworteten und im günstigen Fall auch verantwortbaren Lebensform, in der Autorschaft eines Lebens, das von Gründen geleitet ist, also in diesem Sinne rational ist, das die Autonomie des Akteurs sichert und die Grenzen achtet, die die Autonomie anderer zieht, ein Leben, das verantwortet und verantwortlich ist.

Wir sind für die Lebensform, die wir als Ganze praktizieren, verantwortlich. Wir sind dafür verantwortlich, dass das Leben gelingt. Damit ergeben sich drei Dimensionen von Verantwortlichkeit: die praktische, auf Handlungen bezogen (1), die theoretische, auf Überzeugungen bezogene (2) und die emotionale, auf Emotionen bezogene (3). Diese Ganzheitlichkeit, dieser Holismus des Verantwortungsbegriffes, wie er hier entwickelt wurde, steht in einem gewissen Gegensatz zur alltäglichen, auch juristischen Tendenz, Verantwortung einzuschränken auf bestimmte Handlungen (solche, die zum Beispiel nicht unter Zwang vollzogen wurden, deren Folgen absehbar waren, die bei vollem Bewusstsein gewählt wurden etc.). Tatsächlich sind wir jedoch nicht für einige unserer Handlungen, sondern für *alle* unsere Handlungen verantwortlich, wenn auch ihre moralische Beurteilung von den konkreten Umständen abhängt. Wenn mich zum Beispiel jemand erpresst, dann bin ich verantwortlich für die Entscheidung, wie immer sie ausfällt. Wenn ich der Erpressung nachgebe, habe ich eine Handlung vollzogen, habe Gründe dafür gehabt, mich so zu verhalten, aber auch wenn ich der Erpressung widerstehe, habe ich eine Handlung vollzogen und habe Gründe dafür gehabt. In beiden Fällen bin ich für die Handlung verantwortlich. Es gibt immer eine Alternative, wenn wir handeln, die Frage ist, ob diese Alternative oder jene die bessere ist. Es gibt Gründe, die für die eine wie für die andere Alternative sprechen, und die konkreten Bedingungen der Entscheidungen haben Einfluss darauf, wie die Abwägung ausfallen sollte.

Der erweiterte Verantwortungsbegriff, für den wir hier plädieren, kann sich aber nicht auf Handlungen beschränken. Interessanterweise kennt auch das Recht, die Gesetzgebung und die Rechtsprechung, eine Verantwortung für Überzeugungen, eine *theoretische* Verantwortung. Wenn ein Angeklagter geltend macht, dass er etwas aber nicht gewusst habe, dann kann ihm unter Umständen entgegengehalten werden, dass er das aber hätte wissen müssen. »Unwissen schützt vor Strafe nicht.« Die Tatsache, dass er das hätte wissen können und die notwendigen intellektuellen Voraussetzungen mitbrachte, um sich dieses Wissen anzueignen, ist durchaus wesentlich für die Zuschreibung von Schuld und Verantwortung. So wie wir für (alle) unsere Handlungen Gründe haben, so haben wir für (alle) unsere Überzeugungen Gründe. Zwischen diesen beiden Kategorien von Gründen – praktischen und theoretischen – gibt es zahlreiche Gemeinsamkeiten. Beide gehorchen im Großen und Ganzen der gleichen Logik, beide verlangen nach Abwägung, beide haben einen objektiven Inhalt, nämlich die Frage, ob diese Überzeugung bzw. diese Handlung richtig ist, und beide charakterisieren doch in hohem Maße die Individualität der Person. Überzeugungen sind nicht das Ergebnis kausaler, von uns nicht kontrollierbarer natürlicher Prozesse, sondern Ergebnis der Abwägung theoretischer Gründe. Deswegen sind wir auch für unsere Überzeugungen, nicht nur für unsere Handlungen verantwortlich. Entgegen einem weitverbreiteten philosophischen Irrglauben gibt es keinen Kausalzusammenhang zwischen Wahrnehmung und Überzeugung. Zweifellos geben uns unsere Wahrnehmungen Grund zu bestimmten Überzeugungen, aber wir bleiben in der

Überzeugungsbildung auch gegenüber unseren Wahrnehmungen autonom. Der ins Wasser getauchte Stecken sieht gebrochen aus (Wahrnehmung), wir bilden aber dennoch nicht die Überzeugung aus, dass er gebrochen sei. Wir haben vielmehr Grund zu der Annahme, dass er nicht gebrochen ist (wer sich für Physik interessiert, weiß die Antwort, nämlich unterschiedliche Ausbreitungsgeschwindigkeiten des Lichts in Luft und Wasser). Wenn wir wissen, dass wir eine täuschend echte Plastikpalme vor uns sehen, dann bilden wir nicht die Überzeugung aus, vor uns befinde sich eine (natürliche) Palme, auch wenn die Wahrnehmung identisch sein sollte.

Das Verhältnis von Wahrnehmung und Überzeugung ist allerdings komplexer, als diese wenigen Bemerkungen nahelegen. Wahrnehmungen sind nämlich nicht einfach gegeben, sondern selbst schon von Überzeugungen oder Gestalt-Bildungen, die bestimmten Überzeugungen und Gewohnheiten, aber auch genetischen Dispositionen entsprechen, *imprägniert*. In unsere Wahrnehmungen geht Theorie ein, ja, die Aufmerksamkeit auf spezifische Aspekte unserer Umwelt ist zum Teil bewusst kontrolliert, hat Handlungscharakter. In solchen Fällen weitet sich unsere Verantwortung auch auf Wahrnehmungen aus.

Auch ein Teil unserer Emotionen ist von Gründen abhängig. Jemandem dankbar zu sein, ist nur dann gerechtfertigt, wenn diese Person etwas Gutes getan hat. Wenn diese Person nichts Gutes getan hat, dann wäre das Gefühl der Dankbarkeit schlicht irrational. Die angemessenen Gefühle in bestimmten Situationen zu entwickeln, ist Voraussetzung für die Verständigung mit anderen, erlaubt es, Teil einer kulturellen und sprachlichen Gemeinschaft zu sein, ist aber auch Bedingung der eigenen Freiheit. Wer seinen Augenblicksneigungen ausgeliefert ist, wer sein Gefühlsleben nicht »unter Kontrolle« hat, wer in Situationen, in denen Trauer angemessen ist, Spottlust entwickelt, wer angesichts des Unglücks anderer Genugtuung empfindet, wer sich von neuen Situationen einschüchtern lässt, wer Angst hat zu widersprechen, wer keine Dankbarkeit, kein Verzeihen, kein Mitleid kennt, der wird kein gutes, humanes Leben führen. Der emotionale Aspekt eines guten Lebens ist aber nicht einfach vorgegeben, angeboren und anerzogen, sondern wenigstens zum Teil Ergebnis von Bildung und Selbstbildung. Wer über die Angemessenheit eines Gefühls nachdenkt, der wägt Gründe ab. Die Trennung von Rationalität und Emotionalität ist in dem hier vorgestellten Verständnis von Verantwortung aufgehoben. Überzeugungen, Handlungen und Gefühle sind gleichermaßen von Gründen affizierbar und Gegenstand von Bildung und Selbstbildung. *Die damit korrespondierenden theoretischen, praktischen und emotiven Gründe sind nicht voneinander getrennt, sondern eng miteinander verbunden – sie knüpfen gemeinsam das Netz eines humanen Lebens.*

**Zweiter Teil**

# Bildungsziel: humane Vernunft

Kapitel IV

# Einheit und Grenzen der Vernunft

>»Man kann nichts durch den Verstand begreifen, was
> nicht auf irgend eine Weise in dem Gebiet der Sinne
> und der Empfindung angespielt ist; aber man kann
> auch nichts in sein Wesen aufnehmen, was nicht durch
> Begriffe einigermaaßen vorbereitet ist.«[44]

Es ist ein Charakteristikum modernen Denkens, die
menschliche Vernunft zu parzellieren und zu reduzieren. »Parzellieren«, weil die modernen Theoretiker,
nicht nur in der Philosophie, sondern auch in anderen
Disziplinen, behaupten, es gäbe kategorial verschiedene
Formen von Vernunft und ohne diese Unterscheidungen
und Abgrenzungen sei das alltägliche – besser: lebensweltliche – Verständnis menschlicher Vernunft »unauf-
geklärt«, »vor-theoretisch«, lediglich Ausdruck kultureller Prägungen, gar »mythologisch«. Die sogenannte

---

44  Wilhelm von Humboldt, *Plan einer vergleichenden Anthropologie*
    (1797).

»Logo-Zentrismuskritik« der Postmoderne geht sogar noch einen Schritt weiter und sucht dieses zentrale Element humanistischen Denkens, seit der Antike eng verbunden mit der des Subjekts (oder der Person) und dessen Verantwortlichkeit und Freiheit, zu entsorgen. Was bliebe, wäre das Nebeneinander kultureller Praktiken mit ihren je spezifischen und wechselseitig unvereinbaren Realitäts-»Konstruktionen«. Die Parzellierer unterscheiden zwischen wissenschaftlicher und lebensweltlicher Rationalität. Die Szientisten unter ihnen meinen, dass die wissenschaftliche Rationalität letztlich beurteilt, was von der lebensweltlichen »Rationalität« tragfähig sei. Postmoderne Theoretiker dagegen sehen in der Wissenschaft nur eine weitere kulturelle Praxis, die keinen Anspruch auf eine Rationalität erheben kann. Fast alle modernen Denker unterschieden scharf zwischen *theoretischer Vernunft*, also der auf Überzeugungen gerichteten, und *praktischer Vernunft*, der auf Handlungen bezogenen. Auch wir haben uns dieser Terminologie in den vorausgegangenen Kapiteln, wenn auch verhalten, gelegentlich bedient, aber zugleich eine über das verantwortliche Subjekt und die Praxis des Austauschens von Gründen einheitsstiftende Vernunft skizziert. Wer die Postulate der Vernunft, die Forderungen, die eigenen Überzeugungen und Handlungen, unter Umständen auch Emotionen, zu begründen aufgibt, beerdigt damit nicht nur das »Projekt der Aufklärung«[45], sondern den

---

45 Vgl. Jürgen Habermas, *Der philosophische Diskurs der Moderne. 12 Vorlesungen,* Frankfurt a. M. (1988).

Humanismus und die mit diesem eng verbundene Bildungsidee gleich mit.

Wir befinden uns daher in einer doppelten Frontstellung: gegen das postmoderne Begräbnis und gegen die rationalistische Verkürzung der Vernunft. Die These, die wir gegen beide Gefährdungen humanen Denkens stellen, ist die der *Einheit der Vernunft*. In der Beschreibung dieser Einheit werden auch die Grenzen der Vernunft deutlich, auf die wir dann im darauffolgenden Kapitel näher eingehen.

## 1. Einheit der Vernunft

Die Einheit der Vernunft hat drei Aspekte, sie zerfällt nicht in unterschiedliche Teile. Ein Aspekt ist der unserer Sicht auf die Welt, unseres Rationalitätsverständnisses. Ein zweiter Aspekt ist der unserer Praxis, unseres Einwirkens auf die Welt. Ein dritter Aspekt ist der unserer Emotionen. Diese drei Aspekte können nicht voneinander abgelöst werden. Es gibt zudem keinen externen Standpunkt, von dem aus man die Rationalität unserer Überzeugungen, unserer Handlungen und unserer Emotionen bestimmen könnte. Es gibt keinen archimedischen Punkt, wir beurteilen immer nur als Teilnehmende einer Praxis des Gründegebens und Gründenehmens.

In unserer Praxis manifestieren sich alle drei genannten Aspekte. Unsere Praxis ist Ausdruck deskriptiver wie normativer Überzeugungen (Überzeugungen, was der Fall ist, und Überzeugungen, was der Fall sein sollte, was getan werden sollte), sie ist Ausdruck von Wünschen, die in der Regel von Überzeugungen beeinflusst sind, und in ihnen manifestieren sich unsere Emotionen. Man muss diese Verkoppelung nicht so weit treiben, wie es der sogenannte logische Behaviorismus, inspiriert durch die Spätphilosophie Ludwig Wittgensteins, getan hat. Demnach wären emotive Zustände nichts anderes als ein manifestes Verhalten. Aber sie sind Indikatoren: Aufgrund des von uns beobachteten Verhaltens einer Person, einschließlich ihrer sprachlichen Äußerungen, schreiben wir ihr Überzeugungen, Wünsche und emotive Zustände zu.

Vernünftig bzw. unvernünftig erscheinen uns Überzeugungen, Wünsche und Emotionen immer dann, wenn diese mit anderen nicht in einer angemessenen Weise verknüpft sind. Jemand, der im Hochsommer glaubt, dass es morgen ein Schneetreiben geben wird, stellt uns vor ein Rätsel, da wir ihm dann auch die Überzeugung zuschreiben müssten, dass es morgen um die 0°C haben wird, obwohl heute nichts darauf hinweist, ja, es langjähriger Erfahrung entspricht, dass solches nicht eintritt. Wie kommt die Person zu dieser Überzeugung? Wenn sie hartnäckig an dieser Überzeugung festhält, ohne Gründe angeben zu können, die diese nachvollziehbar machen, dann halten wir die Person für irrational. Je größer das Ausmaß solcher Irrationalitäten ist, desto schwieriger ist es für uns, die Person zu verstehen, ihre Äußerungen und ihre Handlungen zu interpretieren. Die Interpretation ist nichts anderes als die Zuschreibung von Überzeugungen, Wünschen und emotiven Einstellungen aufgrund ihres Verhaltens und im Rahmen dessen, was oft abschätzig als *folk psychology* bezeichnet wird, also eine Psychologie lebensweltlicher Interaktionen. Einen bestimmten Gesichtsausdruck interpretieren wir als Ausdruck von Angst und Schrecken, einen anderen als Ausdruck von Freude. Diese Zuschreibungspraxis ist bewährt, sie ist in hohem Maße prognostisch zuverlässig und sie übertrifft in jedem Fall die Präzision neurowissenschaftlicher Forschungsergebnisse bei Weitem.

Die Einheit der Vernunft wird durch Verknüpfungen hergestellt. Verknüpfungen haben dabei die Form von Gründen. Wir begründen Handlungen, indem wir auf Wünsche oder eingegangene Verpflichtungen verweisen. Wir begründen Überzeugungen mit Beobachtungen aus der Vergangenheit oder Theorien, die wir für verlässlich halten. Wir begründen Emotionen mit Sachverhalten, z. B. die Angst vor einer Spinne mit der Information, dass in dem Land, in dem man sich gerade aufhält, zahlreiche giftige Spinnen leben.

Die Einheit der Vernunft wird also durch Gründe gestiftet. Diese Gründe müssen nicht erörtert werden, um relevant zu sein. Sie bedürfen in den allermeisten Fällen keiner Mitteilung, um verstanden zu werden. Die These, dass die Einheit der Vernunft durch Gründe gestiftet wird, soll nicht die lächerliche Vorstellung eines ewig räsonierenden und am Ende vor lauter Räsonnement nicht mehr handlungsfähigen Intellektuellen evozieren.

Gründe können präsent sein, ohne dass sie auch nur ein Mal artikuliert wurden.

Die Vernunftnatur des Menschen ist also die besondere menschliche Fähigkeit, sich von Gründen affizieren zu lassen. *Bildung* ist in diesem Sinne auch immer Ausbildung von Vernunft, vernünftiger Überzeugungen, vernünftiger Praxis, vernünftiger Emotionen. Bildung ist nichts anderes als Ausbildung dieser umfassenden – deskriptive, normative, epistemische, prohairetische und emotive Einstellungen einschließenden – *Vernunft*.

Die Unterscheidung zwischen theoretischer und praktischer Vernunft ist alt und hat eine erste, besonders einflussreiche Fassung bei Aristoteles gefunden. Aristoteles unterscheidet zwei große Bereiche menschlichen Erkennens, der eine besteht aus unveränderlichen Dingen und der andere aus veränderlichen. Die Logik, die Physik und die Erste Philosophie (das, was man später als Metaphysik bezeichnet hat) befassen sich mit dem Unveränderlichen, die Ethik und die politische Theorie (Politik), auch die Ökonomik im Sinne der Lehre einer guten Haushaltung, befassen sich mit den veränderlichen Dingen. Aristoteles hat aus diesem ontologischen Unterschied weitreichende methodologische Schlussfolgerungen gezogen. Da die Gegenstände der Erkenntnis unterschiedlich sind, müssen dem auch unterschiedliche Methoden entsprechen. Das Ideal der mathematischen Exaktheit kann nur im Bereich der Erkenntnis der unveränderlichen Dinge sinnvoll sein, nicht im Bereich der veränderlichen. Aristoteles hat hier den schönen Ausdruck *kata typon* geprägt, also eine Erkenntnis nach dem Umriss. Er spricht davon, dass im Bereich der veränderlichen Dinge unser Wissen nie definitiv, nie abgeschlossen sein kann, dass wir immer nur wahrscheinliche Urteile fällen können, nie gewisse. Die sorgfältigen Analysen etwa der unterschiedlichen Staatsverfassungen bei Aristoteles, der dauernde Abgleich mit dem, was die Menschen, was »man« oder was »wir« für richtig halten, illustriert diese Idee einer Umrisswissenschaft. Die menschliche Praxis ist der zentrale Bereich des Veränderlichen und damit ist es ausgeschlossen, dass mit strenger mathematisch-wissenschaftlicher Präzision Kriterien für die richtige Praxis entwickelt und mit Gewissheit behauptet werden können. Der Lebenskluge, der aus Erfahrung die Dinge richtig beurteilt, ist daher das (Bildungs-)Ideal des Aristoteles und nicht der Wissenschaftler oder Philosoph, der sich über Jahrzehnte ausschließlich mit Theorien beschäftigt hat, wie Platon es in der *Politeia* fordert. Aristoteles meint in der *Nikomachischen Ethik*, die politische Wissenschaft sei nichts für junge Menschen, da ihnen die Lebenserfahrung fehle, die erforderlich ist, um hier zu einem vernünftigen Urteil zu gelangen.

Ein Aspekt dieser Veränderlichkeit menschlicher Praxis ist, dass sie kulturell verfasst ist, dass sie sich mit Zeit und Ort ändert. Wenn wir wissen wollen, welche Praxis angemessen ist, dann müssen wir uns auf die jeweiligen kulturellen Bedingungen einlassen, die Besonderheiten berücksichtigen, die Vielfalt von Lebensformen ernst nehmen. Es gibt keine universellen, mit wissenschaftlicher Genauigkeit beschreibbaren Handlungsmotive, die die richtige von der falschen Praxis unterscheiden. Die praktischen Wissenschaften unterscheiden sich grundlegend von den theoretischen. Die Ethik ist ganz anders als die Physik. Die mathematische Analyse ist im Bereich der Physik sinnvoll, aber nicht im Bereich der Ethik. Das Platonische Wissenschaftsideal ist für die menschliche Praxis unangemessen, ja gefährlich.

Dieser Konflikt zwischen Platonismus und Aristotelismus zieht sich durch die Jahrhunderte bis in die Gegenwart. Auch in anderen Kulturkreisen, zum Beispiel dem chinesischen, gibt es eine analoge Debatte seit der Antike.[46] Es ist hier nicht der Ort, die philosophischen Feinheiten dieser Debatten aufzugreifen und zu erörtern. Und obwohl diese Debatte intensiv anhält und einen wesentlichen Teil der Wissenschaftstheorie der Sozialwissenschaften prägt, scheint mir eine entspannte Haltung in dieser Frage angemessen zu sein, mit anderen Worten, ich halte diesen Konflikt für überholt. So lassen sich mit den Methoden der Mathematik sehr präzise bestimmte Formen zwischenmenschlicher Aktion erfassen. Die sogenannte Spieltheorie hat hier seit

---

46 Die Auseinandersetzung zwischen Legalisten und Konfuzianern ähnelt durchaus der zwischen den Vertretern des neuen Denkens in der frühen Neuzeit, insbesondere Thomas Hobbes im Bereich der politischen Theorie auf der einen, und denen des alten Aristotelischen und Thomasischen (Thomas von Aquin) auf der anderen Seite. Die neuzeitliche rationalistische Wissenschaft greift das Platonische Wissenschaftsideal wieder auf und wendet es gegen das Aristotelische. Vgl. Edgar Zilsel, *Die sozialen Ursprünge der neuzeitlichen Wissenschaft*, Frankfurt a. M. (1976).

fünfzig Jahren ein faszinierendes Instrumentarium der Analyse bereitgestellt. Ich habe mich selbst in meinen eigenen Forschungsarbeiten dieses Instrumentariums bedient.[47] Ich wende mich nicht gegen den Gebrauch mathematischer Methoden, sondern gegen den Reduktionismus der modernen Rationalitätstheorie. Es sind die Resultate der modernen Spieltheorie selbst, die deutlich machen, dass dieser Reduktionismus inakzeptabel ist.[48]

Der heute dominierende Reduktionismus im Bereich der praktischen Vernunft (vgl. III. 1) ist die Standardauffassung ökonomischer Rationalität, die nicht nur die ökonomische Disziplin, sondern auch zahlreiche Anwendungen des ökonomischen Modells in den Sozialwissenschaften prägt. Demnach handelt die rationale Person eigeninteressiert (in diesem Sinne ohne moralische Kritik, »egoistisch«) und sie optimiert die Konsequenzen ihres Handelns im Hinblick auf die eigenen Interessen

---

47  Vgl. zum Beispiel JNR zus. m. Lucian Kern, *Logik kollektiver Entscheidungen,* München (1994). JNR, *Economic Rationality And Practical Reasons,* Dordrecht/Boston/London (1997). JNR, *Entscheidungstheorie und Ethik,* München (2005).

48  Der Ökonomie-Nobelpreisträger Amartya Sen, aber auch ein anderer Ökonomie-Nobelpreisträger, nämlich der deutsche Reinhard Selten, haben dies in ihren Schriften sehr überzeugend herausgearbeitet. Amartya Sen, »Rational Fools: A Critique of the Behavioral Foundations of Economic Theory«, in: *Philosophy and Public Affairs,* Vol. 6, No. 4 (1977), S. 317–344. Reinhard Selten, *Game Theory and Economic Behavior: Selected Essays,* 2. Vol. Cheltenham-Northampton (1999).

und bei Berücksichtigung der Wahrscheinlichkeiten dieser Konsequenzen.[49] Es gibt aber eine große Vielfalt von Handlungsmotiven, zu denen Kooperationsbereitschaft, Rücksichtnahme, Lebensprojekte[50], soziale Rollen und moralische Prinzipien gehören, die nicht allesamt auf den Aspekt der Optimierung des eigenen Nutzens reduziert werden können. Wer praktische Vernunft in dieser Weise reduziert, verliert die (mehr oder weniger vernünftige) Person aus dem Blick, die aus Gründen handelt. Verantwortliche Akteure sind keine optimierenden Maschinen, sie leben in einem kulturellen Kontext, sie haben Bindungen zu anderen Personen, sie haben Bindungen zu eigenen Projekten, sie nehmen Rücksicht auf andere, sie haben Gefühle der Empathie und Wünsche zu kooperieren, kurz: Sie repräsentieren eine komplexe Welt normativer und empirischer Einstellungen. Der moderne Reduktionismus zerlegt zudem die Gesellschaft als Ganze in kleine optimierende Einheiten und verliert damit den Zugang zu den kulturellen und moralischen Bedingungen vernünftiger menschlicher Praxis.

Damit eine Praxis allerdings als vernünftig gelten kann, muss sie ein gewisses Maß an Kohärenz aufwei-

---

49 Um hier nicht zu weit ausholen zu müssen, verweise ich auf meine allgemein verständliche Darstellung ökonomischer Rationalität in: JNR, *Die Optimierungsfalle. Philosophie einer humanen Ökonomie,* München (2011).

50 Vgl. Monika Betzler, *Personal Projects As Practical Reasons*, Paderborn (erscheint vorrauss. 2012/13; Habilitationsschrift).

sen. Auch wenn die einzelnen Handlungsmotive jeweils akzeptabel und nachvollziehbar sein mögen, so ist doch damit noch nicht ausgemacht, dass sie sich zu einer Praxis fügen, die insgesamt stimmig ist. Ein Aspekt einer stimmigen Praxis ist, dass diese über die Zeit hinweg gewisse Strukturen aufweist, Strukturen, die sich in den Begründungen, aber auch im Verhalten der jeweiligen Person manifestieren. Wenn ich heute entscheide, im nächsten Jahr etwas zu tun, dann kann es sinnvoll sein, heute Vorkehrungen zu treffen, damit ich im nächsten Jahr entsprechend vorbereitet bin. Wenn sich ein Abiturient entscheidet, Jura zu studieren, dann macht es für ihn Sinn, sich frühzeitig auf das Examen vorzubereiten. Der Studierende wäre unvernünftig, wenn er jeweils abwartet, bis sich eine bestimmte Neigung (last minute panic) bemerkbar macht. Er wird – vernünftigerweise – die Vorbereitung auf die Semester vor dem Examen so aufteilen, dass der Stoff zu bewältigen ist.

Die zeitliche Kohärenz, das Zusammenstimmen von Entscheidungen über längere Zeiträume hinweg, macht sich dann darin bemerkbar, dass die Person wenig Grund hat, ihre jeweiligen Entscheidungen zu bereuen. Die Optimierung der jeweiligen Wünsche bei gegebenen Überzeugungen kann jedenfalls eine vernünftige Praxis auf Dauer nicht tragen. Wünsche kommen und gehen, Gründe bleiben. Wir müssen vielmehr unsere Wünsche an das, was wir für begründet halten, anpassen. Wenn dies schwerfällt, dann prägen wir typischerweise Wünsche zweiter Ordnung aus, aber das ist nicht Merkmal von Rationalität oder gar Merkmal der Person, sondern markiert eine spezifische Form von Irrationalität.[51]

Ganz analog verhält es sich mit der theoretischen Vernunft, auch dort gibt es keinen externen Zustand, keine unbezweifelbaren Prinzipien, aus denen man das Gesamt des begründeten Wissens ableiten könnte. Unsere Überzeugungen müssen mit unseren Beobachtungen und Erfahrungen in Einklang zu bringen sein, aber diese Beobachtungen sind selbst nicht völlig unabhängig von unserer Begrifflichkeit und unseren Theorien. Durch Kausalerklärungen versuchen wir, unseren Überzeugungen ein höheres Maß an Kohärenz zu geben. Kausalerklärungen stellen einen Zusammenhang her zwischen unterschiedlichen Beobachtungen in Gestalt einer gesetzmäßigen Regel. Manche dieser Erklärungen sind deterministisch, andere sind probabilistisch. Zwischen den lebensweltlichen Erklärungen und denen der theoretischen Physik gibt es ein Kontinuum zunehmender Abstraktheit und experimenteller Intervention. Die physikalischen Erklärungen machen nichts völlig anderes als die Erklärungen, die es Menschen schon vor Hunderten von Jahren vor Entstehung der modernen Naturwissenschaft ermöglichten, sich in der Welt zurechtzufinden. Wissenschaftliche Theorien haben eine praktische Dimension, da sie in vielen Fällen bestimmte Formen des menschlichen Einwirkens auf die Natur erst ermöglicht

---

51 Vgl. Harry Frankfurt, *Taking Ourselves Seriously & Getting It Right*, Stanford (2006); vgl. JNR, *Über menschliche Freiheit*, Stuttgart (2005), Kapitel III.

haben. Es gibt einen im Laufe der Zeit immer enger geworden Zusammenhang zwischen wissenschaftlicher Grundlagenforschung einerseits und technischer oder anderweitiger Anwendung dieses Wissens andererseits. Auch von der Technik selbst gehen Impulse für die wissenschaftliche Theoriebildung aus. Dennoch spielen wissenschaftliche Überzeugungen, entgegen einem verbreiteten Fehlurteil, eine untergeordnete Rolle für unsere lebensweltliche Praxis. Die allermeisten Menschen haben vom zeitgenössischen Stand der Physik wenig Ahnung. Dennoch können fast alle Menschen mit den physikalischen Herausforderungen des Alltagslebens leidlich vernünftig umgehen. Sie haben eine für die Zwecke alltäglichen Handelns ausreichende Vorstellung von physikalischen Zusammenhängen. Kaum jemand wird etwa glauben, dass Gläser unversehrt bleiben, wenn man sie aus dem ersten Stock in den Hof wirft. Eltern haben eine ziemlich verlässliche Vorstellung davon, ab welcher Fallhöhe sich ihr Kind verletzen würde. Physikalisches, chemisches und medizinisches Alltagsverständnis ist für eine vernünftige Praxis unverzichtbar. Von Wissenschaft sind diese Kenntnisse weit entfernt. Wissenschaftliche Einsicht ist aber auch nur in den seltensten Fällen in der alltäglichen Praxis erforderlich (wir kommen darauf im nächsten Kapitel zurück).

Unsere Handlungen repräsentieren unsere Sicht auf die Welt, die wertende und beschreibende Aspekte enthält. Die Wertung ist nicht lediglich Ausdruck eines Wunsches, in der Regel ist es umgekehrt: Wünsche sind Ausdruck von Wertungen. Wertungen sind nicht lediglich subjektive Meinungen, sondern beanspruchen Plausibilität, sie sind gegenüber kritischen Nachfragen begründbar. Das heißt nicht, dass alle Individualität eingeebnet ist. Die Gründe, die wir uns zu eigen machen, prägen unsere Lebensform und das Sich-zu-eigen-Machen von Gründen macht die jeweilige personelle Identität des einzelnen Subjektes aus. Es gibt, wie wir in III. 2 gesehen haben, nicht nur eine praktische, sondern auch eine theoretische Freiheit, und diese beiden Freiheiten sind miteinander unauflösbar verbunden.

Der gebildete Mensch ist in der Lage, Gründe angemessen abzuwägen und auch gegen Augenblicksneigungen (Wünsche einer bestimmten Art) zu handeln. Das Ideal des gebildeten Menschen ist nicht der Wissenschaftler (da geben wir Aristoteles gegenüber Platon recht). Die Abwägung von Gründen erfolgt nicht auf der Basis wissenschaftlicher oder philosophischer Theorien. Man muss kein Ethiker sein, um die richtigen Entscheidungen treffen zu können. Aber es gibt charakterliche Voraussetzungen vernünftiger Praxis und diese sind zentrales Bildungsziel. Ihre Stimmigkeit des eigenen Lebens und der humane Umgang mit anderen sind weder genetisch noch kulturell determiniert, sondern bedürfen einer Praxis der Freiheit, der Bildung und der Selbstbildung.

## 2. Grenzen der Vernunft

Für die (humanistische) Anthropologie, die wir in den vorausgegangenen Kapiteln entwickelt haben, war viel von Gründen, von der menschlichen Vernunftfähigkeit die Rede. Wir können uns selbst nur dann als freie und verantwortliche Wesen ansehen und entsprechend miteinander umgehen, wenn wir uns wechselseitig Vernunftfähigkeit zuschreiben. Ohne Vernunft keine Freiheit und keine Verantwortung. Die Vernunft, von der hier die Rede war, wurde allerdings sehr zurückhaltend, nämlich über die Rolle, die Gründe für unsere Überzeugungen und Handlungen sowie für unsere Emotionen haben, charakterisiert. Es ist also das wohl kaum bestreitbare Phänomen, dass wir für unsere Handlungen und Überzeugungen Gründe angeben können, dass wir bei Rückfragen unsere Überzeugungen und Handlungen rechtfertigen können (oder sie zu rechtfertigen suchen), die den menschlichen Vernunftcharakter bestimmen. Wir haben keine darüber hinausgehende, spezifische Theorie menschlicher Rationalität entwickelt (oder vorausgesetzt). In der Tat bin ich davon überzeugt, dass es eine solche Theorie bis heute nicht gibt und wohl auch nie geben wird.[52] Die Gründe für unsere Handlungen und Überzeugungen sind komplex, zu komplex, um sie durch ein Kriterium zu erfassen. Zudem sind diese

---

52 Vgl. JNR, *Strukturelle Rationalität. Ein philosophischer Essay über praktische Vernunft*, Stuttgart (2001).

Gründe mit der praktizierten Lebensform unauflöslich verbunden. Diese Gründe stehen nicht einfach zur Disposition, wir können uns von diesen nicht distanzieren und die gesamte Praxis der Verständigung, der Rechtfertigung und der Begründung in Frage stellen. Es gibt gegenüber dieser Praxis des Begründens keinen externen Standpunkt.

Illustrieren wir diese abstrakte Behauptung an zwei bewusst alltäglich gewählten Beispielen. Sie gehen im Wald spazieren und betrachten einen Baum. Sie sind überzeugt, dass es sich um eine Ulme handelt. Befragt, warum Sie diese Überzeugung haben, können Sie selbstverständlich Gründe angeben: die Form der Blätter, die Art der Rinde etc. Sie haben Kriterien für die Zugehörigkeit einer Pflanze zum Typ Ulme und wenden diese Kriterien an. Sie können sich hinsichtlich der Anwendung dieser Kriterien irren (vielleicht entsprach die Form der Blattes gar nicht der typischen Form eines Ulmenblattes) oder auch hinsichtlich der Kriterien. Vielleicht irren Sie sich darin, dass gerade die von Ihnen gewählten Kriterien die Ulmenartigkeit ausmachen.

Die Frage, warum Sie überzeugt sind, eine Ulme vor sich zu haben, ist sinnvoll und es gibt darauf ganz natürliche Antworten. In der Regel wäre hier jedoch die Frage: »Sind Sie überzeugt, vor einem Baum zu stehen?«, merkwürdig. Wenn ich vor einem Baum stehe, habe ich keinerlei Zweifel, dass es sich um einen Baum handelt. Normalerweise, es gibt Ausnahmen. Etwa, wenn die Pflanze so ist, dass nicht klar ist, ob es sich um einen Strauch oder um einen Baum handelt. Dann könnte ich auf eine solche Frage auch eine Antwort geben. Bestimmte Warum-Fragen sind merkwürdig, ja abwegig. Wer diese Fragen stellt, bekommt keine Antwort, sondern dem Fragenden wird dann seinerseits die Frage gestellt, warum er überhaupt gefragt habe.[53] Nicht nur Antworten, auch Fragen können mehr oder weniger vernünftig sein, mehr oder weniger begründet. »Warum fragst du?«, fragen wir zurück, wenn uns eine Frage unbegründet erscheint. Die Frage: »Warum glaubst du, dass du vor einem Baum stehst?«, ist unter normalen Umständen, an jemanden gerichtet, der vor einem Baum steht und normalerweise keinen Grund hat, daran zu zweifeln, dass es sich um einen Baum handelt, unangemessen, unbegründet.

»Meinst du, dass andere Menschen, ähnlich wie du selbst, beseelt sind?« Im philosophischen Jargon des 19. Jahrhunderts: »Gibt es Fremdpsychisches?« Das scheint ebenfalls eine unbegründete Frage zu sein, denn es gibt keinen begründeten Zweifel daran, dass es Fremdpsychisches gibt. Es gibt amerikanische Filme, in denen Menschen und Roboter vorkommen, und die Roboter sind den Menschen täuschend ähnlich. Angenommen, ein Protagonist des Films ist von Wesen umgeben, die Menschen zu sein scheinen. Da er aber weiß, dass es Roboter gibt, die so ähnlich aussehen wie Menschen und sich auch so verhalten, kann er nicht gewiss sein, dass es sich um Menschen handelt und nicht vielleicht doch um

---

53  Vgl. Ludwig Wittgenstein, *Über Gewissheit. Werkausgabe Band 8. Bemerkungen über die Farben. Über Gewissheit. Zettel. Vermischte Bemerkungen*, Frankfurt a. M. (1984).

Roboter. Auch in einem Raum voller menschenähnlicher Wesen wird er sich also nicht ganz sicher sein, ob außer ihm noch jemand anders mentale Eigenschaften hat (Überzeugungen und Wünsche, Ängste und Hoffnungen etc.), also ob es Fremdpsychisches in diesem Raum gibt. Unter solchen – fiktiven, hier fiktionalen – Bedingungen ist die Frage begründet. Unter anderen, normalen, lebensweltlichen Bedingungen ist die Frage unbegründet. Wer eine solche Frage stellt, provoziert Rückfragen, auch danach, was er eigentlich mit dieser Frage meine.

Es gibt eine große Tradition in der Philosophie, die sich gerade dadurch auszeichnet, dass sie solche Fragen für sinnvoll hält. Der gesamte neuzeitliche Rationalismus beginnt, indem er Fragen dieser Art stellt. Der berühmteste und faszinierendste Vertreter ist sicher René Descartes:

>*Es ist mir in diesen Tagen zur Gewohnheit geworden, meinen Geist von den Sinnen abzuziehen. Denn ich habe ganz deutlich bemerkt, wie wenig wir an den Körpern ›in Wahrheit‹ auffassen, wie viel mehr wir vom menschlichen Geist erkennen, noch weit mehr aber von Gott. So vermag ich schon ohne Schwierigkeit mein Denken von den Dingen der sinnlichen Anschauung abzuziehen und den rein begrifflichen und gänzlich immateriellen Gegenständen zuzuwenden.«*[54]

---

54  René Descartes, *Meditationes de prima philosophia* (1641).

Bis heute meinen viele, die Philosophie beginne mit scheinbar sinnlosen Fragen. Fragen danach, warum es die Außenwelt gibt, ob es Fremdpsychisches gibt, ob die Welt vielleicht nur eine große Illusion sei, ob es sein könne, dass wir permanent von einem Dämon an der Nase herumgeführt werden, ob es jenseits des Eigeninteresses noch andere Gründe geben könne, etwas zu tun, ob es einen Grund gäbe, Versprechen zu halten, ob Menschenleben irgendeinen Wert haben usw. Dies sind mehr oder weniger willkürlich herausgegriffene Fragen, die sich Philosophen von der Antike bis in die Gegenwart gestellt haben und von denen sie meinten, dass sie für die Philosophie wesentlich seien.

Fragen dieser Art sind nach meiner festen Überzeugung sinnlos. Sie sind in der gleichen Art sinnlos wie die Frage: »Warum bist du davon überzeugt, vor einem Baum zu stehen?«, an jemanden gerichtet, der vor einem Baum steht, unter normalen Bedingungen sinnlos ist. Wenn wir eine Philosophie, die davon ausgeht, dass Fragen dieser Art sinnlos sind, »pragmatisch« nennen und eine Philosophie, die davon ausgeht, dass solche Fragen sinnvoll seien und dass es Aufgabe der Philosophie sei, diese allein mit den Mitteln der Vernunft, also rational, zu beantworten, als »rationalistisch« bezeichnen, dann plädieren wir für eine *pragmatische* und argumentieren gegen eine *rationalistische* Philosophie.

Anders formuliert: Alles Begründen hat ein Ende. Gute Begründungen helfen, etwas verständlich zu machen, eine Emotion, eine Handlung, eine Überzeugung zu rechtfertigen. Aber diese Rechtfertigung kann nur gelingen, wenn derjenige, der nachgefragt hat, und derjenige, der Auskunft gibt, sich hinreichend einig sind, hinreichende übereinstimmende Überzeugungen, Wertungen und Emotionen haben. Wenn diese Übereinstimmung nicht besteht, können wir uns nicht verständigen. Nur vor dem Hintergrund einer gemeinsam akzeptierten Realität, gemeinsam akzeptierten Wertungen und Emotionen ist eine Verständigungspraxis möglich. Eine – pragmatisch – erfolgreiche Begründung stellt eine gemeinsame Überzeugung fest und begründet, ausgehend von dieser, das in Frage Stehende.

Ein Beispiel: Jemand fragt, warum ich mich auf einen Fahrradausflug morgen vorbereite, und meine Antwort lautet, dass ich morgen gutes Wetter erwarte. Weiter gefragt, kann ich vielleicht auf eine zuverlässige Internetseite verweisen, die die lokalen Wetterbedingungen vorhersagt. Wenn die Person diese Seite kennt und davon ebenfalls überzeugt ist, dass sie zuverlässig ist, wenn sie zudem nachvollziehen kann, dass die Zeit für einen Fahrradausflug günstig ist, dann ist ihre Warum-Frage damit beantwortet. Wenn sie dagegen bezweifelt, dass man vernünftigerweise erwarten kann, dass morgen gutes Wetter ist, oder weiß, dass die Jahreszeit für solche Ausflüge ungünstig ist, dann wird sie diese Antwort nicht befriedigen. Die Begründung war dann – pragmatisch – nicht erfolgreich. Es hat sich keine gemeinsame Überzeugung eingestellt, die fragende Person kann die Entscheidung nicht nachvollziehen, sie hält sie für nicht gerechtfertigt.

Unsere Lebensform ist von Überzeugungen, Wertungen, Wünschen und Emotionen geprägt. Damit uns der Wunsch einer Person als ein guter Grund erscheint, etwas zu tun, müssten wir diesen Wunsch nachvollziehen können, wir müssen ihn nicht teilen, wir müssen ihn nicht ebenfalls haben. Der Wunsch, nur ein Bein anstatt zwei Beinen zu haben, der durch eine Amputation befriedigt würde, erscheint uns als Begründung einer Handlung der Selbstverstümmelung unverständlich. Wir verstehen diese Antwort nicht. Wünsche dieser Art gehören nicht zur geteilten Lebensform, aber sie kommen durchaus vor. Es gibt Menschen, die solche Wünsche haben und die sich diesen Wünschen entsprechend verhalten.

Eine pluralistische Kultur ist dadurch charakterisiert, dass sie Differenzen aushält. Das Toleranzprinzip kann dabei die Form der Indifferenz annehmen: In diesem Fall werden Unterschiede akzeptiert, ohne Nachvollziehbarkeit, Verständlichkeit und Begründbarkeit zu erwarten. Eine Toleranz aus Respekt versucht dagegen, die Handlungsmotive nachzuvollziehen, die Praxis des Begründens zu verstehen. In diesen Fällen werden die Begründungsketten länger, sie enden nicht in der fraglos geteilten Lebensform, sondern müssen tiefer schürfen, um Gemeinsamkeiten zu eruieren. Ohne solche Gemeinsamkeiten gilt auch hier, dass eine Begründung, eine Verständlichkeit des Handelns, der Welt- und Lebensorientierung nicht möglich ist. Nach meiner Überzeugung sind die Grenzen, innerhalb derer Verständigung, bei entsprechender Geduld, Einfühlungsvermögen und Offenheit möglich ist, sehr weit gesteckt. Man kann dies auch so formulieren: Es gibt eine Gemeinsamkeit der allgemein menschlichen Lebensform, die es ermöglicht, sich über alle kulturellen Grenzen hinweg zu verständigen. Das Gros der geteilten Lebensform ist nicht kulturabhängig. Die kosmopolitische Perspektive, die Vorstellung, dass letztlich alle Menschen an einer globalen Gemeinschaft teilhaben, ist mit Respekt vor den Besonderheiten der jeweils lokalen Kultur durchaus vereinbar.[55] Diese kosmopolitische Perspektive setzt nicht auf abstrakte Prinzipien eines Weltbürgertums, sondern auf die Gemeinsamkeiten der menschlichen Lebensform über alle kulturellen Unterschiede hinweg. Jeder Mensch hat mit jedem anderen Menschen auf diesem Planeten sehr viel mehr gemein, als sie voneinander unterscheidet. Aber diese Gemeinsamkeiten lassen sich nicht über bloße Vernunft bestimmen, diese Gemeinsamkeiten bestimmen die menschliche Lebensform als solche. Dass die menschliche Lebensform in unterschiedlichen kulturellen Varianten auftritt, sollte nicht zum falschen Gegensatz zwischen den rationalen Prinzipien des allgemein Menschlichen, des Weltbürgertums einerseits und den jeweils partikularen Prägungen der jeweiligen lokalen Kultur andererseits verführen.[56]

---

55  Diese Position wird in überzeugender Weise ausgeführt von: Kwame Appiah, *Der Kosmopolit*, München (2007).

56  Jürgen Habermas stellt die öffentlich begründbaren Normen der Moralität den Wertungen der partikularen Ethik gegenüber. Diese Gegenüberstellung verzerrt die Verhältnisse. Die Begründungen enden in einer geteilten Lebensform. Je lokaler und partikularer diese ist, desto kürzer die Begründungswege.

# Kapitel V

# Verständigung

»Daraus fließt für mich die Überzeugung, daß wenn der
Mensch auch einmal da ist, blos um das Erdenleben des
Staubes, aus dem er gebildet ist, von dem Augenblicke
des Werdens bis zum Vergehen zu durchlaufen, dann auf
jede Weise um sich her in Liebe und Pflicht so zu wirken,
dass er bereit ist, in jedem Augenblicke diesem Wirken
sein Dasein opfern, sein letztes Ziel doch nur am Ende
ist: bereichert durch die geübte Kraft, mit Allem aus dem
Leben zu scheiden, was ihm das Leben gegeben hat.«[57]

Wie im Laufe der vorausgegangenen Kapitel kenntlich
geworden, haben wir uns nicht auf eine Definition von
Bildung eingelassen, sondern uns vielmehr mit der philosophischen Klärung der Bedingungen eines gelungenen
Lebens befasst. Die angelsächsische Scheidung von *care*
einerseits und *education* andererseits ist in Deutschland
unüblich und das ist eine Stärke des deutschen Bildungs-

---

57  Wilhelm von Humboldt, *Brief an Caroline von Wolzogen* (1829).

wesens, keine Schwäche. Aber auch die Trennung von *Erziehung* und *Bildung*, die nicht nur in den angelsächsischen, sondern auch in den kontinentaleuropäischen Kulturen die Bildungspraxis prägt, ist irreführend. Demnach fände Erziehung in den Familien und Bildung in den Schulen statt. Man sollte den Bildungsbegriff weder institutionell noch biographisch, noch funktionell verkürzen. In der lateinischen Fassung geht es um *formatio*, in der deutschen eben um *Bildung*. Beide Begriffe haben eine Doppelbedeutung im Sinne eines Prozesses und des Ergebnisses eines Prozesses. Bildung ist alles, was die handelnde, urteilende, fühlende Person formt, was ihr Struktur gibt. Das Kind einer San-Familie im südlichen Afrika bildet sich dort, wo die traditionelle Kultur der San noch überlebt hat, in der alltäglichen Praxis, in die es über Jahre hinweg eingeübt wird, im Überleben unter den widrigen Bedingungen der Kisuaheli-Wüste. Am Ende dieses Bildungsprozesses beherrscht der 15-Jährige eine Vielfalt von komplexen und – von außen betrachtet – faszinierenden Überlebenstechniken, das Aufspüren von Wasserlöchern, das Verfolgen und Erlegen von Kleinwild, eine fast lautlose Fortbewegung, arbeitsteilige Techniken der Herstellung von Handwerkszeug und den Umgang mit diesen, aber auch vielfältige kulturelle Praktiken wie Götterbeschwörungen, Geisterbesänftigung, Riten, Tänze und Festlichkeiten. Schule spielt dabei keine Rolle, wohl aber Bildung. Die Entwertung dieser Bildungsinhalte durch eine vermeintliche Modernisierung, vor allem aber durch den Verlust des Lebensraums, schafft nicht nur sozioökonomische Abhängigkeiten, sondern zerstört das Selbstwertgefühl, jedenfalls derjenigen, die sich in der Übergangsphase befinden. Aber auch jenseits dieser Übergangsphase scheint es massive sogenannte Integrationsprobleme der San-Population, etwa in die urbanen Gesellschaften Südafrikas, zu geben. Dies ist übrigens nicht nur ein postkoloniales Phänomen, sondern reicht viel weiter zurück, ist sogar integraler Bestandteil der afrikanischen Kulturgeschichte. So zerstörte die Einwanderung der im Vergleich zu den San großen und dunkelhäutigen Herero aus Zentralafrika schon vor 300 Jahren mit ihrer etablierten Viehzucht die ökologischen Bedingungen der autochthonen San-Bevölkerung in diesen Regionen Südafrikas (östliches Namibia, westliches Mosambik). Die San-Bevölkerung geriet entweder in Abhängigkeit von den neuen Herren über Land und Vieh oder musste sich in ökologische Nischen in besonders unwirtliche Regionen zurückziehen. Als Tagelöhner oder sklavenartig gehaltene Abhängige verlor ihr tradiertes Bildungswissen schlagartig an Wert. Was dies jeweils für das Selbstbild, die Ich-Stärke, den Stolz auf die eigenen Fähigkeiten bedeutet, ist von außen – jedenfalls für mich – nur sehr schwer zu beurteilen.

Bildung in diesem umfassenden Sinne, wie hier skizziert, hat einen zentralen Inhalt, der zugleich Bedingung aller weiteren Bildung ist: die Zugehörigkeit zu einer Lebensgemeinschaft, einer alltäglichen Praxis der Kooperation und Interaktion, das Verfügen über die Techniken der Bearbeitung der Natur, die Teilhabe an einer Sprache, also die Fähigkeit, sich zu verständigen, und das Teilen einer Lebenswelt. Der Spracherwerb ist die beeindruckendste Bildungsleistung überhaupt und die Tatsache, dass diese in aller Regel gelingt, sollte uns nicht davon abhalten, darüber fasziniert und erstaunt zu sein. Der bedeutendste Linguist des 20. Jahrhunderts, Noam Chomsky, hat dieses Erstaunen einmal so zum Ausdruck gebracht: Niemand würde einem stolzen Vater glauben, der erzählt, dass sein dreijähriges Kind gerade mit dem Lösen von Differentialgleichungen und mit binomischen Formeln erfolgreich ist. Aber kaum jemand wundert sich, wenn der gleiche Vater erzählt, dass sein dreijähriger Sohn unterdessen passabel Englisch spricht. Dabei sind die Satzformationsregeln, die grammatischen Strukturen, die Semantiken weit komplexer als Differentialgleichungen oder binomische Formeln. Das Rätsel dieser größten und zudem universellen Bildungsleistung werden wir hier nicht zu lösen versuchen, stattdessen wollen wir uns mit der Rolle der Sprache (V. 1), den Formen und Inhalten von Begründungen (V. 2) und dem Verhältnis von Sprache und Realität und damit mit der Rolle von Wahrheitsansprüchen (V. 3) im Bildungsprozess befassen.

## 1. Sprache

Im Folgenden geht es nicht um das große Forschungsgebiet des kindlichen Spracherwerbs, auch nicht um soziologische Studien zur Ausdifferenzierung der Sprachpraxis in unterschiedlichen Teilen der Gesellschaft (Klassen,

Schichten, Gender, Ethnie etc.). Vielmehr möchte ich einige sprachphilosophische Überlegungen für eine Philosophie humaner Bildung fruchtbar machen. Es gibt zweifellos einen engen Zusammenhang zwischen Sprache und Lebensform. Aber es ist in der zeitgenössischen Sprachphilosophie in hohem Maße umstritten, wie dieser Zusammenhang genauer zu charakterisieren ist. Für (logische) Behavioristen ist die Bedeutung eines sprachlichen Ausdrucks nichts anderes als die Art und Weise, wie er im Sprachverhalten und im Verhalten generell gebraucht wird. Gelegentlich wird dies auch als »Gebrauchstheorie der Bedeutung« bezeichnet. Die *Philosophischen Untersuchungen* Ludwig Wittgensteins (dessen Spätphilosophie) werden meist in dieser Weise interpretiert.[58] In dieser Sichtweise wäre Spracherwerb so etwas wie die Abrichtung zu einem bestimmten Verhalten. Abweichendes Verhalten wird sanktioniert, konformes Verhalten wird belohnt und entsprechend »abgerichtet« fügen sich am Ende alle in ein Muster interaktiven Verhaltens ein, zu dem auch die gesprochene Sprache gehört. Manche Passagen der *Philosophischen Untersuchungen* stützten in der Tat diese Interpretation, andere scheinen damit unvereinbar zu sein. Aber es geht hier nicht um eine Wittgenstein-Interpretation, sondern um ein angemessenes Verständnis dieses Verhältnisses, für das ich Ludwig Wittgensteins Spätphilosophie, insbeson-

---

58 Vgl. Eike von Savigny, *Der Mensch als Mitmensch*, München (1996).

dere seine letzten Aufzeichnungen in *Über Gewissheit*, zu wesentlichen Teilen glaube in Anspruch nehmen zu können und von daher gelegentlich von der *Wittgenstein'- schen Perspektive* spreche.[59]

Gegen den logischen Behaviorismus sprechen nicht nur seine absurden Implikationen (der Super-Spartaner hätte keine Schmerzempfindungen), sondern auch unsere lebensweltlichen Erfahrungen sowie linguistische und neuere neurowissenschaftliche Forschungsergebnisse. So sind die Regeln des Sprachverhaltens bei Weitem zu komplex, als dass sie allein auf der Grundlage eines Skinner'schen Programms von Belohnung und Bestrafung erlernt werden könnten.[60] Jüngere neurowissenschaftliche Forschungen weisen darauf hin, dass es schon sehr früh vorsprachliche Formen der Verständigung gibt, die insbesondere in geteilter Intentionalität zu suchen sind. Selbst ein solcher Austausch von Intentionen wie der des Zeigens (der übrigens für die Wittgenstein'sche Sprachphilosophie eine ganz zentrale Rolle spielt) lässt sich auch intelligenten Säugetieren nicht durch Abrichtung (Belohnung und Bestrafung) beibringen, während vorsprachliche Kinder mit dieser Form des Austausches von Intentionen keinerlei Probleme haben. Die zeigende Person möchte mit der Handlung des Zeigens auf einen Gegenstand erreichen, dass sich die Aufmerksamkeit des Adressaten dieses kommunikativen Aktes ebenfalls auf

---

59  Vgl. JNR, *Demokratie und Wahrheit*, München (2006), Kapitel I.

60  Vgl. Burrhus Frederic Skinner, *Verbal Behavior*, New York (1957).

diesen Gegenstand richtet. Dieser kommunikative Akt ist gelungen, wenn der Adressat seine Aufmerksamkeit auf diesen Gegenstand richtet – und zwar aufgrund der Beobachtung dieser Zeigehandlung und einer angemessenen Interpretation, nämlich als Ausdruck der Intention des Zeigenden, den Adressaten dazu zu bewegen, seine Aufmerksamkeit auf diesen Gegenstand zu richten. Es spricht sehr viel dafür, dass der Austausch von Intentionen der sprachlichen Verständigung nicht nur zeitlich vorausgeht, sondern Bedingung ist für das Erlernen einer komplexeren Sprache.

Das Grundmodell gelungener Kommunikation ist in Anlehnung an Paul Grice das folgende: Eine sprachliche Äußerung oder generell eine Zeichen-Setzung ist Teil eines gelungenen kommunikativen Aktes, wenn damit beim Sprecher die Intention verbunden ist, dem Hörer (dem Adressaten) Grund für etwas zu geben. Es ist nicht das Ziel des Bewirkens im Sinne konsequenzialistischer Rationalität, wie viele Griceaner meinen, sondern es ist der Austausch von Gründen, die mit der Mitteilung von Intentionen einhergeht. Die sprachliche Form solcher kommunikativer Akte setzt allerdings in der Regel voraus, dass die betreffenden Äußerungen eine konventionelle, in dieser spezifischen Sprache etablierte Bedeutung haben und dass beiden – dem Sprecher wie dem Hörer – diese konventionelle Bedeutung vertraut ist. Wichtig ist, dass in dieser hier skizzierten Analyse[61] nicht die

_____

61  Detaillierter in JNR, *Philosophie und Lebensform,* Frankfurt a. M. (2009), Teil II.

Regularität des Sprachverhaltens oder der Lebensform als Ganze, sondern der Austausch von Intentionen und in anspruchsvolleren kommunikativen Situationen, der Austausch von Gründen für Überzeugungen, für Handlungen und für emotive Einstellungen den logischen und genetischen Primat hat. Der Akt des Zeigens hat eine semantische Bedeutung ganz unabhängig von der Beherrschung einer Sprache. Der Akt des Zeigens hat (zwischen A und B, dem Zeigenden und demjenigen, dem etwas gezeigt wird) eine Bedeutung genau dann, wenn der Zeigende mit diesem Akt demjenigen, dem etwas gezeigt wird, einen Grund geben will, seine Aufmerksamkeit auf das Gezeigte zu richten. Dieser Akt des Zeigens gilt als kommunikativer Akt als gelungen, wenn die Person, der etwas gezeigt wird, aufgrund dieses Aktes versteht, dass der Zeigende ihr einen Grund geben will, die Aufmerksamkeit auf das Gezeigte zu richten.

Natürlich kann man den Ausdruck »Sprache« in dem weiten Sinn verwenden, in dem jede über solche und ähnliche Handlungen vermittelte Praxis des Gründegebens als Kommunikation verstanden wird. Im engeren Sinne wollen wir von »Sprache« aber nur sprechen, wenn es sich um den Gebrauch konventionell geregelter Zeichen mit einer Syntax und einer Semantik handelt. Dementsprechend gibt es sprachliche (im engeren Sinne) und außersprachliche Kommunikation.

Dieser Kommunikationsbegriff darf allerdings nicht grenzenlos werden. Nicht jede Beeinflussung eines Verhaltens eines Individuums durch das Verhalten eines anderen Individuums sollte als Kommunikation bezeichnet werden. Der heranpirschende Gepard veranlasst den Springbock, das Weite zu suchen. Das Verhalten des Gepards kann aber nicht als kommunikativer Akt interpretiert werden, denn der Gepard beabsichtigte mit seinem Verhalten nicht, dem Springbock einen Grund zu geben, das Weite zu suchen. Selbst die berühmte Bienensprache ist vermutlich kein Beispiel für Kommunikation unter Tieren, denn die auf und ab fliegende Biene beabsichtigt mit diesem Verhalten nicht, der dieses Verhalten wahrnehmenden Biene einen Grund zu geben, in einer bestimmten Richtung und Entfernung Futter zu suchen. So wie es aber bei vorsprachlichen Kindern Kommunikation ohne die Verwendung sprachlicher Ausdrücke gibt, so kann es bei hoch entwickelten Säugetieren kommunikative Akte auch ohne eine etablierte Sprache im engeren Sinne geben.

Bildung hat zwei ursprüngliche und miteinander verwobene Quellen: die Erfahrung im Umgang mit der Natur, mit außermenschlichen, außersozialen Dingen, Prozessen und Ereignissen einerseits und Kommunikation als die Grunderfahrung des zwischenmenschlichen Umgangs andererseits. Das vorsprachliche Kind richtet seine Aufmerksamkeit auf beide Erfahrungstypen und beide haben jeweils eine passive und eine aktive Dimension: das Einwirken auf Dinge, Prozesse und Ereignisse in der Welt und die Beobachtung, der Versuch, anderen einen Grund zu geben für eine Überzeugung, eine Handlung oder eine Emotion und selbst entsprechende Gründe über kommunikative Akte anzunehmen. In beiden Fällen erfährt schon das vorsprachliche Kind seine

Wirksamkeit, aber auch seine Abhängigkeit, seine Autorschaft und seine Rolle als Beobachter. Kinder sind Experimentatoren im Umgang mit Gegenständen, seien es natürliche oder menschengemachte. Sie testen die Folgen ihrer Interventionen und lernen daraus auch ohne Anleitung. Bildung findet auch dort statt, wo Kommunikation keine Rolle spielt. Die soziale Welt erschließt sich jedoch primär über das Medium der Kommunikation. Das zunächst rudimentäre, dann zunehmend differenziertere und mit dem Spracherwerb hochkomplexe Geben und Nehmen von Gründen bestimmt die Zugehörigkeit des Kindes zur sozialen Welt. Es bildet seine personale Identität aus, indem es sich die normativen Regeln, die menschliche Interaktionen leiten, zu eigen macht. Als Teilnehmer an dieser Praxis entwickelt es ein Verständnis für die soziale Welt, der es angehört. Aus der reinen Beobachterperspektive bliebe ihm diese Welt weitgehend verschlossen. Die Berichte von Autisten sind dafür ein eindrückliches Zeugnis. Kognitive Intelligenz allein, die Fähigkeit, aufgrund von Beobachtungen induktiv zu verallgemeinern, die Fähigkeit sorgfältiger Differenzierung, auch die Beharrlichkeit, empirische Daten zu sammeln, erschließen allein diesen Zugang nicht. Die soziale Welt erschließt sich erst aus der Teilnehmerperspektive, Kommunikation ist dafür zentral.

## 2. Begründung

Für unsere Überzeugungen, Handlungen, auch für unsere emotiven Einstellungen können wir in der Regel Gründe anführen. Die Person wird erkennbar in den Gründen, die sie hat. Gründe zu haben und sie zu artikulieren, ist nicht das Privileg kleiner, besonders gebildeter Teile der Bevölkerung. Gründe zu haben und zu artikulieren, prägt vielmehr die menschliche Lebensform als Ganze. Welche Gründe die einzelne Person hat und artikuliert, ist Ausdruck ihrer je spezifischen Lebensform. Die Verständlichkeit dieser Gründe für andere beruht auf einer geteilten, gemeinsamen Lebensform. Da die menschliche Lebensform nur zum Teil genetisch determiniert ist, kennt die menschliche Spezies eine Vielzahl unterschiedlicher, eben kultureller Lebensformen. Die biologischen Spezieseigenschaften lassen hinreichend Spielraum für kulturelle Prägungen, für kulturell unterschiedlich verfasste Lebensformen, in welche die Sprachpraxis eingebettet ist. Die Rede von der Sprache als Lebensform darf den Blick auf die übergreifenden Gemeinsamkeiten der *conditio humana* nicht verstellen. Auch wenn die jeweilige Sprachpraxis mit den geteilten Selbstverständlichkeiten der jeweiligen Kultur unauflöslich verbunden ist, so sind wir doch in der Lage, uns über Sprach- und Kulturgrenzen hinweg zu verständigen. Allerdings wird dies schwieriger, je geringer die geteilten Selbstverständlichkeiten sind. Zu diesen Selbstverständlichkeiten gehören nicht nur Verhaltensregularitäten, sondern vor allem auch Wertungen und Normen, die erst dann thematisch werden, wenn sie umstritten sind. Die Begründung einer Handlung gegenüber einer anderen Person wird erst dann nötig, wenn diese Handlung nicht selbstverständlich war. Die Begründung hat dann die Form, dass die begründende Person Sachverhalte anführt, die aus ihrer Sicht für diese Handlung sprechen und von denen sie annimmt, dass sie auch aus Sicht der anderen, fragenden Person für diese Handlung sprechen. Es sind also immer die geteilten normativen wie empirischen Überzeugungen, von denen Begründungen ausgehen. Gelungen ist eine Begründung, wenn die fragende Person die angeführten Sachverhalte ebenfalls als guten Grund für die in Frage stehende Handlung akzeptiert. Jede Begründung hat ein Ende und dieses Ende ist in den Selbstverständlichkeiten einer geteilten Praxis zu suchen.

Diese Beschreibung eines wichtigen Ausschnitts lebensweltlicher Kommunikation darf nicht mit einer Ideologie verwechselt werden, die man etwas angestrengt als »kulturellen Essenzialismus« bezeichnen kann. Kulturen sind keine Akteure, zwischen Kulturen gibt es keine Konflikte. Am allerwenigsten gilt dies für Großkulturen wie muslimische oder christliche. Wenn es überhaupt sinnvoll ist, von einer »christlichen Kultur« oder einer »christlichen Kulturregion« zu sprechen, dann nur im Sinne eines losen Zusammenhanges spiritueller und ethischer Haltungen, die aber ausdifferenziert sind und überformt, ja oft marginalisiert, von solchen, deren Ursprünge nicht im Christentum liegen, sondern zum Beispiel im Humanismus, in der modernen wissenschaftlich-technischen Praxis, in der Praxis des Rechtsstaates oder ökonomischer Märkte. Schon bei Kindern aus der gleichen Region, in gleichem »Kulturkreis«, gibt es dramatische Kommunikationsprobleme, wenn nur der soziokulturelle Hintergrund hinreichend unterschiedlich ist, während ein buddhistischer Intellektueller aus Japan sich mit einem christlichen Kulturwissenschaftler bestens verständigen kann.

Ein sechsjähriges Kind, das am Strand ein anderes beobachtet, das mit einem Kescher kleine Fische fängt und anschließend am Strand elend zugrunde gehen lässt, mag ausrufen: »Ich verstehe nicht, warum dieses Kind das tut!« Und die Antwort des betreffenden Kindes: »Warum sollte ich das nicht, es macht doch einfach Spaß!«, beendet die Verständnislosigkeit nicht. Ein Kind, das Rücksichtnahme gegenüber tierlichen Interessen praktiziert, und ein Kind, für das Tiere, jedenfalls dann, wenn es sich nicht um den eigenen Hund oder die eigene Katze handelt, Gegenstände sind, mit denen man beliebig verfahren kann, können sich nicht verstehen, weil sie keine gemeinsame Selbstverständlichkeit in einer geteilten Praxis finden. Aber diese Verständnislosigkeit ist punktuell, sie erlaubt, dass sich die beiden Kinder in anderer Hinsicht prächtig verstehen.[62]

Bildung besteht also nicht etwa darin, alles zu rationalisieren. Dies wäre ein rationalistisches Missverständ-

---

62 Mir ist die Doppelbedeutung des letzten Satzes durchaus bewusst, er ist aber gerade in seiner Doppelbedeutung interessant.

nis. Jede Begründung endet in den Selbstverständlichkeiten einer geteilten Lebensform. Jede Rationalisierung endet in der etablierten Praxis des Gründegebens und Gründenehmens. Philosophische, politische und bildungstheoretische Konzeptionen, die darüber hinausgehen, enden im günstigsten Falle in unfruchtbarem, im ungünstigsten Falle in totalitärem Utopismus. Ziel kognitiver Bildung ist es, die Möglichkeiten der Verständigung zu erweitern, was bedeutet, die Begründungsketten bei Dissensen zu verlängern, um schließlich doch noch eine Verständigung zu ermöglichen und damit den partikularen Standpunkt so weit zu überwinden, dass interkulturelle Verständigung möglich ist. Die Fähigkeit zur Empathie, dazu, sich in die emotiven Zustände einer anderen Person hineinzuversetzen, ist dabei mindestens so wesentlich wie die Fähigkeit, sich differenziert auszudrücken. Die konkrete Erfahrung praktischer Konflikte und kultureller Differenzen ist dabei ausschlaggebend. Das Erlernen einer Sprache heißt auch, sich zumindest virtuell mit einer Lebensform vertraut zu machen. Dies ist in der alltäglichen Praxis der Kommunikation leichter zu realisieren als im schulischen Unterricht. Die Auseinandersetzung mit literarischen Texten einer Fremdsprache, die Erörterung des historischen, kulturellen oder politischen Hintergrundes, dies alles ist im Schulunterricht gut aufgehoben. Der Spracherwerb als solcher nicht. Fremdsprachenkenntnis hat mehrere Bildungsdimensionen: eine Kompetenz, für die es zahlreiche Nutzanwendungen gibt; eine neue Perspektive auf die eigene Muttersprache durch die Erfahrung der Differenz; die Vertrautheit mit einer anderen kulturellen Lebensform; die Praxis kultureller Anerkennung. Von daher ist es falsch, dass Fremdsprachenkenntnisse in internationalen Bildungsvergleichsstudien bezeichnenderweise keine Rolle spielen.

## 3. Wahrheit

In der jüngsten Entwicklung der Wissenschaften kann man ein merkwürdiges Phänomen beobachten: Während der Begriff der Wahrheit, während objektive Geltungs- und Wahrheitsansprüche in weiten Bereichen der Kultur-, Geistes- und Sozialwissenschaften keine Rolle mehr zu spielen scheinen oder sogar ausdrücklich verabschiedet werden, erleben diese in der Philosophie der Gegenwart eine Renaissance. Freilich handelt es sich nicht um die gleiche Form von Geltungs- und Wahrheitsansprüchen, die aus der philosophischen Tradition vertraut sind. Sie werden nicht auf metaphysische oder ontologische Einsichten zurückgeführt, auch die ursprüngliche rationalistische Konzeption, alles Wissen aus wenigen unbezweifelbaren Prinzipien abzuleiten, ist heute philosophisch obsolet. Das entscheidende Merkmal für ein philosophisch angemessenes Verständnis ist die Entkoppelung von Wahrheit und Gewissheit. Wer behauptet, etwas sei (objektiv) der Fall, muss nicht zugleich behaupten, dass diese Überzeugung unwiderleglich sei. Im Gegenteil, erst die zertistische, auf absolute

Gewissheit abzielende Form von Geltungs- und Wahrheitsansprüchen hat diese diskreditiert. Zertismus führt zur Skepsis und diese in unterschiedliche Formen von Relativismus und Konstruktivismus, die sich gegenwärtig nicht nur in den Kulturwissenschaften, sondern auch in den Feuilletons großer Beliebtheit erfreuen.

Die Entkoppelung von Gewissheit und Wahrheit und die These, dass die unterschiedlichen Wissensbestände mit unserer Praxis unauflöslich verbunden sind, kann man als die bleibenden Einsichten des Pragmatismus charakterisieren.

Die Renaissance des Realismus hat in der Philosophie der Gegenwart drei unterschiedliche und weitgehend voneinander unabhängige Formen: die Abkehr vom Instrumentalismus in der Wissenschaftstheorie, wonach wissenschaftliche Theorien die Welt nicht zu beschreiben suchen, wie sie ist, sondern lediglich als Instrumente gelten, um zum Beispiel verlässliche Prognosen zu ermöglichen; die Abkehr vom Subjektivismus in der Ethik, der die analytische Philosophie seit Anfang des 20. Jahrhunderts bis in die späten 1970er Jahre des vergangenen Jahrhunderts geprägt hat, und die jüngste Entwicklung in der Sprachphilosophie, die auf Donald Davidson zurückgeht. Es ist hier nicht der Ort, um auf diese Entwicklung einzugehen, und ich kann auch meine eigenen philosophischen Überlegungen dazu hier nur als Ergebnis berücksichtigen.[63] Ich vertrete eine Position, die ich

---

63 Wer sich dafür interessiert, der sei verwiesen auf: JNR, *Demokratie und Wahrheit*, München (2006), Kapitel I und JNR, *Philo-*

als *unaufgeregten Realismus* bezeichnet habe, und diese ist für die hier entwickelte Bildungsphilosophie von zentraler Bedeutung. Demnach unterscheiden sich sogenannte deskriptive und sogenannte normative Urteile, also Urteile, die die Welt beschreiben, wie sie ist, und Urteile, die sich darauf beziehen, was geschehen sollte, in ihrer Logik nicht. In beiden Fällen geht es um das angemessene Erfassen von Sachverhalten, empirischen und normativen. Es sind eher die unterschiedlichen Einstellungen, die dazu geführt haben, dass lange Zeit in der Philosophie zwischen diesen beiden Urteilstypen eine allzu tiefe Kluft aufgemacht wurde. Die Frage, ob etwas gerecht oder ungerecht ist, lässt sich in ähnlicher Weise rational klären wie die Frage, ob die aktuelle Wetterlage erwarten lässt, dass die Sonne auch noch in fünf Tagen scheint, oder ob die Übernahme von Staatsschulden von der Europäischen Zentralbank zur Entwertung der gemeinsamen Währung führt. Es gibt hier wie dort Meinungen pro und contra, innerhalb und außerhalb der Wissenschaft, und am Ende stellt sich die eine als besser begründet heraus. Wir wägen Gründe ab, um uns dem besseren Urteil anzunähern, aber wir können nie gewiss sein, ob wir uns das beste Urteil zu eigen machen. Wir sind vernünftigerweise Fallibilisten. Sowohl, wenn es um empirische, als auch, wenn es um normative Fragen geht. Aber in jedem dieser drei Beispiele geht es

---

*sophie und Lebensform*, Frankfurt a.M. (2009), Teil I sowie den Band von Peter Sturma (Hrsg.): *Vernunft und Freiheit. Zur praktischen Philosophie von Julian Nida-Rümelin,* Berlin (2012).

nicht darum, die eigenen subjektiven Einstellungen zu beschreiben oder zum Ausdruck zu bringen. In jedem dieser drei Beispiele geht es um eine echte Sachfrage. Wir versuchen, sie zu klären, indem wir uns auf diejenige Überzeugung stützen, die uns hinreichend gewiss erscheint und mit der wir übereinstimmen. Aber am Ende bemisst sich das Urteil an der Übereinstimmung mit bestehenden Sachverhalten: physikalischen, ethischen oder ökonomischen etc.

Die Klärung dieser und anderer Sachverhalte lässt sich nicht isolieren von der Klärung anderer Sachverhalte. Gerechtigkeitsfragen der politischen Theorie hängen mit ethischen Fragen eines gelungenen Lebens zusammen, aber auch mit institutionellen des Rechtsstaats, meteorologische mit physikalischen, chemischen und biologischen etc. Letztlich hängt alles mit allem, und sei es noch so umwegig, zusammen. Die Kohärenz unserer Überzeugungen ist daher ein wichtiges Kriterium. Kohärenz allein garantiert nicht Wahrheit, aber wenn Inkohärenzen auftreten, können wir uns sicher sein, dass wir uns in der einen oder anderen Überzeugung irren. Wir hoffen, durch das Abwägen von Gründen unsere Überzeugungen kohärenter zu machen und uns damit der Wahrheit anzunähern. Eine Garantie dafür gibt es nicht. Aber wir haben nichts anderes als dies: Gründe abzuwägen, um damit Überzeugungen kohärenter zu machen, vernünftige Übereinstimmungen anzustreben, in der Hoffnung, dass wir uns so in unseren Überzeugungen der Realität annähern und unsere Praxis realitätstauglicher machen.

Bildung speist sich aus der Neugier, wie es wirklich ist. Wer dieser Neugier den Boden entzieht, macht jede Bildungsanstrengung obsolet. Der gegenwärtig so oft beschworene, wenn auch in der Praxis nur selten ernst genommene Appell, Wahrheit und Realität außen vor zu lassen und sich mit bloßen Konstruktionen zu begnügen oder gar »Realität« als »bloßes kulturelles Konstrukt« zu begreifen, ist so gesehen eine Form von intellektuellem Infantilismus. Den biographisch vielfach belegbaren Übergang von marxistischem Dogmatismus zu postmodernem Skeptizismus kann man – polemisch zugespitzt – auch so charakterisieren: Wenn die Realität nicht so ist, wie man sie sich vorgestellt hat, dann gibt es sie eben nicht.

Ohne Realitätsprinzip keine Bildung. Unsere Überzeugung und unsere Praxis müssen sich in der Realität bewähren. Es ist die unglückliche Rezeptionsgeschichte griechischer Philosophie, die zu der merkwürdigen Vorstellung geführt hat, Bildung könne nur aus Büchern erworben werden. Sokrates, Platon oder Aristoteles, aber auch Epikur oder Chrysipp lag eine solche Vorstellung völlig fern. Scholastik und Philistertum ist mit humaner Bildung unverträglich. Ohne Realitätsbezug, ohne die Erfahrung der Praxis und des Experimentes, ohne Empathie und Kooperation bleibt Bildung die bloße Rezeption dessen, was andere gedacht haben. Ohne die Bewährungsinstanz der natürlichen und der kulturellen Realität bliebe sie im Wortsinne scholastisch, reines Schulwissen.

Wahrheit verbirgt sich nicht in den Tiefen einer Erkenntnis, die nur wenigen vorbehalten ist; Wahrheit wird aber auch nicht kulturell konstruiert, Wahrheit ist nicht subjektives Vermeinen mit Gewissheitsanspruch; Wahrheit ist die regulative Idee bildender Erfahrungen und wir hoffen, uns ihr anzunähern, indem wir Gründe abwägen und austauschen. Jeder Standpunkt ist dabei gleichermaßen wert, geprüft zu werden. Jedes Argument verdient, ernst genommen zu werden. Wir erkennen uns wechselseitig als Gleiche und Freie an, wenn wir uns zutrauen und zumuten, auf diesem Weg arbeitsteilig und kooperativ voranzukommen. Das Ziel der Verständigung ist eine realitätsadäquate Lebenswelt und Lebensform. Bildung in diesem weiten, hier skizzierten Sinne orientiert sich an dieser regulativen Idee der Humanität.

Kapitel VI

# Orientierungswissen

*»Die neue Theorie erneuert die Ansicht der antiken Welt,*
*dass Erfahrung in erster Linie nicht Sammlung von*
*Kenntnissen, sondern ihrem Wesen nach praktisch ist,*
*nämlich eine Angelegenheit des Handelns und des*
*Erleidens der Folgen, die sich aus dem Handeln ergeben.«*[64]

Um das Verhältnis von Lebensform, Wissen und Wissenschaft genauer zu bestimmen, schlage ich vor, auf den Begriff des *Orientierungswissens* zurückzugreifen. Orientierungswissen ist dadurch definiert, dass es für die menschliche Lebensform relevant ist. Die Ambivalenz dieser Formulierung wird uns noch beschäftigen. Geht es um Orientierungswissen, das für die menschliche Lebensform als solche, für die *conditio humana*, generell relevant ist oder geht es um Orientierungswissen, das je

---

64  John Dewey, *Democracy and Education* (1916). Übersetzt von Erich Hylla, *Demokratie und Erziehung. Eine Einleitung in die philosophische Pädagogik,* Jürgen Oelkers (Hrsg.), Weinheim und Basel (2000).

spezifisch für eine realisierte Lebensform relevant ist? Das Erste scheint sich angesichts der Vielfalt von kulturell realisierten menschlichen Lebensformen nicht bestimmen zu lassen und das zweite scheint allenfalls Gegenstand wissenssoziologischer Untersuchungen sein zu können. Für uns markiert der Begriff Orientierungswissen dagegen eine zentrale Dimension eines angemessenen Verständnisses von Bildung.

Das kulturelle Selbstverständnis besagt, dass wir in den westlichen Gesellschaften in einer wissenschaftlich-technischen Zivilisation leben. Unterdessen würde man wohl das Prädikat »ökonomisch« hinzufügen. In der Tat ist der wissenschaftlich-technische Fortschritt für die Entwicklung der westlichen Länder, die man bis vor Kurzem noch als Industriegesellschaften bezeichnete, obwohl der Anteil der industriellen Wertschöpfung am Bruttosozialprodukt schon seit Jahrzehnten zurückgeht, für die ökonomische Konkurrenzfähigkeit von großer Bedeutung. Unser Land braucht gute Naturwissenschaftler, Ingenieure und Techniker. Die mathematisch-naturwissenschaftlich-technische Kultur darf keine randständige, sondern muss eine zentrale Rolle im gesamten Bildungswesen spielen. Wir können uns nicht damit abfinden, dass es nach wie vor zwei geistige Verfasstheiten, zwei Wissenschaftskulturen zu geben scheint, die wenig miteinander zu tun haben (wollen). Als ich mich als junger Mann entschied, ein Doppelstudium der Philosophie und Physik aufzunehmen, wurde dies von den allermeisten als eine abwegige Fächerkombination empfunden. Philosophie gehört doch dem Schöngeistigen, der Bücherkultur, dem geschliffenen Argument an, während Physik auf sprachloser mathematischer Präzision beruht und in technischen Anwendungen ihre Nützlichkeit erweist. Ich habe dagegen beide Disziplinen als verwandt empfunden, beide verlangen weniger Wissen als Klarheit des Denkens, für beide spielt die Logik direkt und indirekt eine wichtige Rolle. Die Separierung unterschiedlicher disziplinärer Kulturen ist eine Krankheit, die unser Bildungswesen befallen hat.

## 1. Wissenschaft und Lebensform

Offenkundig ist es nicht erforderlich, über wissenschaftliche Kenntnisse zu verfügen, um sich in einer modernen wissenschaftlich-technisch-ökonomischen Zivilisation zu behaupten. Autofahrer können nicht sagen, wie ein Ottomotor funktioniert; die große Mehrheit der Menschen nutzt Elektrizität, ohne zu wissen, wie diese hergestellt wird und was elektrischer Strom eigentlich ist. Wir können nur einen Bruchteil der Tier- und Pflanzenarten identifizieren, die die ökologische Zerstörung der vergangenen Jahrzehnte übrig ließ. Obwohl die ökonomische und gesellschaftliche Praxis in hohem Maße durch Rechtsnormen bestimmt ist und ein Gutteil individueller und gesellschaftlicher Konflikte vor Gerichten ausgetragen wird, sind uns die gesetzlichen Vorgaben und die Regeln in Gerichtsverfahren allenfalls bruchstückhaft bekannt. Die Erkenntnisse der Lebensmittelchemie dringen nur im Falle von Skandalen ins öffentliche Bewusstsein. Obwohl ein Gutteil unserer Nahrungsmittel chemische Substanzen enthält, fehlen uns die wissenschaftlichen Grundkenntnisse, um diese beurteilen zu können. Nachts vermag uns der Blick in den Sternenhimmel genauso zu beeindrucken wie die Menschen vor Hunderten oder Tausenden von Jahren, ohne dass wir auch nur in groben Umrissen angeben könnten, um was es sich handelt, was wir da sehen. Auch die wissenschaftlichen Grundlagen der medizinischen Praxis sind den allermeisten Patienten nicht vertraut; wie Untersuchungen zeigen, oft genug auch den Medizinern selbst nicht. Auch die ökonomische Praxis folgt Gesetzmäßigkeiten, die den Akteuren in der Regel nicht vertraut sind. Als Konsumenten und teilweise auch als Produzenten beteiligen wir uns an einem ökonomischen Markt, dessen Regeln wir zumeist nicht durchschauen. Die Tatsache, dass die letzte große Weltwirtschaftskrise von den Experten der Finanzwirtschaft in den Jahren zuvor nicht einmal als ein mögliches, wenn auch unwahrscheinliches Risiko angesehen wurde, ist ein – schmerzlicher – Beleg für diese Einschätzung. Und schließlich: Menschen interagieren täglich, sie kooperieren und konkurrieren, sie verfolgen gemeinsame Projekte, binden und trennen sich, ohne mit den Ergebnissen der wissenschaftlichen Psychologie vertraut zu sein. Beides scheint zuzutreffen: Wir leben in einer wissenschaftlich-technischen Zivilisation, also einer Zivilisation, die von wissenschaftlich-technischem Wissen bestimmt ist, die einerseits ohne dieses Wissen bestimmt nicht fortbestehen könnte; andererseits spielt dieses Wissen in der alltäglichen Praxis des Einzelnen keine Rolle.

Wir haben bislang, bewusst vage, von »uns« gesprochen, für die wissenschaftliches Wissen in der Lebenswelt keine Rolle spielt. Das darf nicht als Allquantor, als »für alle gilt«, interpretiert werden. Es gibt Menschen, die in ihrer beruflichen Tätigkeit permanent oder jedenfalls gelegentlich auf wissenschaftliche Kenntnisse zurückgreifen müssen. Zweifellos spielen für die Zivilisation, in der wir leben, wissenschaftliche, technische und ökonomische Kenntnisse eine wichtige Rolle. Diese Zivilisation könnte in ihrer jetzigen Form nicht fortbestehen ohne Wissen und Wissenschaft. Man kann sogar sagen, dass diese Zivilisation über ein kollektives (wissenschaftliches, technisches, ökonomisches, juristisches …) Wissen verfügt, ohne dass die einzelnen Mitglieder darüber verfügten. Die Praxis dieser Zivilisation als Ganze setzt dieses Wissen voraus. Es muss Ingenieure geben, die Elektrizitätswerke entwerfen, und Mechaniker, die wissen, wie ein Ottomotor funktioniert. Es muss Juristen, Ökonomen und Lehrer geben, die dafür sorgen, dass wissenschaftliches Wissen in der Praxis der Gesellschaft wirksam wird. Da wir alle an dieser Praxis partizipieren, kann man durchaus sagen, dass wir durch diese Teilhabe impliziter über dieses Wissen verfügen.

Es ist durchaus sinnvoll, von einem kollektiven Wissen $W_k$ zu sprechen, auch wenn niemand aus dem betreffenden Kollektiv über dieses Wissen verfügt. Die Installation und der Betrieb eines Kraftwerks setzen ein bestimmtes physikalisches und technisches Wissen $W_k$

voraus und doch ist anzunehmen, dass es keine einzige Person gibt, die über dieses Wissen $W_k$ verfügt. Dennoch kann man durchaus von einem kollektiven Wissen sprechen, über das etwa eine bestimmte wissenschaftlich-technische Gemeinschaft verfügt, die für den Bau solcher Kraftwerke hinzugezogen wird.

Wenn in einer Gruppe von Individuen $G$ jedes Mitglied weiß, dass $P$ ($P$ sei ein beliebiger Sachverhalt), dann können wir sicherlich sagen, dass die Gruppe über ein kollektives Wissen von $P$ verfügt, wenn wir zusätzlich annehmen können, dass die Individuen jeweils wissen, dass die anderen Menschen dieser Gruppe ebenfalls $P$ wissen und zudem wissen, dass jedes Individuum in $G$ dieses Wissen hat. Dadurch entsteht eine Iteration: Ich weiß, dass du weißt, dass ich weiß, dass $P$, und er weiß, dass du weißt, dass er weiß, dass $P$ usw., kreuz und quer und auf beliebigen Iterationsstufen. Wenn lediglich alle Individuen aus $G$ wissen, dass $P$, dann sollten wir uns darauf beschränken zu sagen, alle Individuen aus $G$ wissen, dass $P$, und nicht von »kollektivem Wissen« sprechen.[65] Ich schlage allerdings vor, diesen in der Philosophie weithin akzeptierten Begriff des kollektiven Wissens deutlich auszuweiten: Wir sollten auch dann sagen, dass eine Gruppe von Individuen über ein kollektives Wissen, dass $P$, verfügt, wenn ein einzelnes Individuum aus dieser Gruppe $P$ weiß und alle anderen Mitglieder aus

---

65  Vgl. zu diesem Begriff des kollektiven Wissens: David K. Lewis, *Convention: A Philosophical Study*, Cambridge (1969).

dieser Gruppe wissen, dass dieses Individuum $P$ weiß, und wiederum dieses wissende Individuum weiß, dass die anderen wissen, dass es weiß, dass $P$. Man stelle sich eine Gruppe vor, die aus sieben Personen besteht, von denen jede über ein anderes Wissen verfügt: Individuum 1 weiß $P1$, Individuum 2 weiß $P2$, …, Individuum 7 weiß $P7$. Jedes dieser Individuen 1, 2, …, 7 weiß also jeweils einen Sachverhalt. Dies allein genügt nicht, um dieser Gruppe {1, …, 7} das Wissen {$P1$, …, $P7$} zuzuschreiben. Aber wenn jedes der Individuen weiß, welches der anderen Individuen über welches Wissen verfügt (was die entsprechende Iteration zur Folge hat: Individuum 3 weiß, dass Individuum 5 weiß, dass $P5$, und Individuum 5 weiß, dass Individuum 3 weiß, dass 5 weiß, dass $P5$, und 3 weiß, dass 5 weiß, dass 3 weiß, dass 5 weiß, dass $P5$ usw.). Dann können wir durchaus {$P1$, …, $P7$} als kollektives Wissen der Gruppe {1, …, 7} bezeichnen. Gemeinsam wissen sie also mehr als jeder Einzelne. Das auf sieben Personen verteilte je individuelle Wissen wird aufgrund des wechselseitigen Wissens, wer was weiß, zu einem kollektiven Wissen. In diesem Sinne verfügt unsere Zivilisation über ein kollektives (wissenschaftliches, technisches …) Wissen. Kollektives Wissen in diesem erweiterten Sinne beruht auf einer bestimmten Art des *(epistemischen) Vertrauens*. Ich weiß zwar nicht, dass $P$, aber ich vertraue, dass jemand anders weiß, dass $P$. Wissen, dass $P$, ist dabei mehr als lediglich *überzeugt sein, dass P zusammen mit der Tatsache, dass P wahr ist*. Wissen, dass $P$, setzt voraus, dass der Wissende über gute Gründe verfügt, die dafürsprechen, dass $P$ wahr ist.

Angenommen, es handelt sich bei P um einen physikalischen Sachverhalt. Im engeren Sinne kann nur jemand mit physikalischen Kenntnissen P wissen. Alle anderen, die nicht über physikalische Kenntnisse verfügen, haben nicht die Ressourcen, um beurteilen zu können, ob P tatsächlich wahr ist. Sie mögen zwar glauben, dass P wahr ist (z. B., weil sie es in der Zeitung gelesen haben), aber dies ist noch kein Wissen. Der Journalist könnte sich irren und eine Person ohne physikalische Kenntnisse kann nicht beurteilen, ob er sich irrt oder nicht. Angenommen, jemand verfügt über eine physikalische Theorie $T$, das heißt, er kann den Inhalt von $T$ wiedergeben, und er verfügt über das methodische Rüstzeug, um $T$ anzuwenden. Angenommen, diese Theorie erlaubt es zu beurteilen, ob ein bestimmter physikalischer Sachverhalt $P^*$ zutrifft. Angenommen weiter, diese Theorie impliziert den Sachverhalt $P$ und die Person ist in der Lage, diesen logischen Zusammenhang zu erfassen, was insofern vorausgesetzt wurde, als solche Schlussfolgerungen zur Anwendung einer Theorie gehören. Dann kann man durchaus sagen, dass diese Person weiß, dass $P^*$ zutrifft. Sie ist nicht lediglich davon überzeugt, dass $P^*$ gilt, sondern sie kann darüber hinaus Gründe angeben, die dafürsprechen, dass $P^*$ tatsächlich zutrifft. Dieses Wissen ist in dem Sinne immer noch indirekt, als es von der Wahrheit der Theorie abhängt. Wenn sich z. B. herausstellt, dass $T$ falsch ist, dann stellt sich damit zugleich heraus, dass das vermeintliche Wissen der Person, dass $P^*$ zutrifft, kein Wissen war. Dabei kann es übrigens durchaus sein, dass $P^*$ wahr ist. Aber dann werden wir selbst, wenn die Person nach wie vor von $P^*$ überzeugt ist, nicht mehr sagen, dass die Person weiß, dass $P$ gilt. Sie kann nämlich dann keine guten Gründe mehr angeben dafür, dass $P^*$ wahr ist. Sollte aber die Person von $T$ überzeugt sein und sollte zudem $T$ wahr sein und sollte die Person in der Lage sein, $P^*$ aufgrund von $T$ als zutreffend nachzuweisen, dann verfügt die Person über gute Gründe dafür, dass $P^*$ wahr ist (diese guten Gründe bestehen darin, dass sie von $T$ überzeugt ist und $T$ von $P$ auf $P^*$ schließen lässt).

In einem solchen Fall ist $P^*$ ein indirektes Wissen der betreffenden Person. Ein direktes Wissen läge vor, wenn $P^*$ ohne den Umweg einer Theorie, also vortheoretisch, gewusst werden kann. Die Entwicklung der Wissenschaftsphilosophie hat allerdings immer deutlicher werden lassen, dass die sorgfältige Unterscheidung zwischen direktem Wissen, dem, was man früher als »Beobachtungswissen« bezeichnet hat, und »theoretischem Wissen«, also Wissen, das von theoretischen Vorannahmen und deren Gültigkeit abhängt, unmöglich ist. Auch direktes Wissen ist in der einen oder anderen Form von (theoretischen) Vorannahmen abhängig. Dennoch ist es sinnvoll, zwischen diesen drei Kategorien des Wissens zu unterscheiden: (1) *direktem individuellem Wissen*, (2) *indirektem individuellem Wissen,* (3) *kollektivem Wissen.* Da sich die Wahrheit einer Theorie in der Regel nur arbeitsteilig erweisen lässt und insofern niemand je individuell in der Lage ist, eine wissenschaftliche Theorie zu begründen, besteht auch zwischen den Wissenstypen (2) und (3) ein unauflöslicher Zusammenhang.

Damit sind Unterscheidungen getroffen, die es ermöglichen, die Rolle der Wissenschaft für unsere Lebenswelt genauer zu bestimmen. Unsere Lebenswelt ist
zweifellos wissenschaftlich-technisch imprägniert. Für
eine verantwortliche Lebenspraxis ist es allerdings nicht
erforderlich, selbst über wissenschaftliches Wissen zu
verfügen. Genauer: Es ist nicht erforderlich, dass wir
über ein gemeinsames, je individuelles wissenschaftliches Wissen verfügen. Um sich in einer wissenschaftlich
imprägnierten Lebenswelt zu behaupten, ist vielmehr
kollektives wissenschaftliches Wissen erforderlich. Dass
dieses schon in den Schulen vorbereitet werden muss,
ist nicht von der Hand zu weisen. Dennoch sehe ich die
generelle Tendenz zu einer Verwissenschaftlichung des
Schulunterrichts, die Überladung des Unterrichtsstoffes
mit wissenschaftlichem Detailwissen mit Skepsis. Die lebensweltliche Praxis, das Gelingen existenzieller Autorschaft verlangt nach einem Orientierungswissen, für das
die wissenschaftlichen Disziplinen entweder irrelevant
oder allenfalls indirekt von Bedeutung sind. Lebensweltliches Orientierungswissen ist kein Abfallprodukt wissenschaftlicher Forschungsergebnisse. Eher ist es umgekehrt: Die Entwicklung wissenschaftlicher Disziplinen
beruht auf lebensweltlichem Orientierungswissen, ist
von diesem abhängig, wenn es dieses auch gelegentlich
modifiziert. Nicht nur wissenschaftliches Wissen, sondern auch das lebensweltliche Orientierungswissen ist
von großer Komplexität und stellt hohe Ansprüche an
die, die es sich erarbeiten. Es ist die gemeinsame Entdeckung unterschiedlicher Strömungen der Philosophie

gegen Ende des 19. und zu Beginn des 20. Jahrhunderts, dass die Wissenschaften lebensweltliches Wissen voraussetzen und von diesem abhängig sind. Diese Einsicht erklärt die Karriere des Begriffs »Lebenswelt«.[66] Husserl sprach von einer Krise der europäischen Wissenschaften, da sie ihr (lebensweltliches) Fundament nicht thematisieren. Die Klassiker des amerikanischen Pragmatismus betonten den Zusammenhang von Wissenschaft und Lebenspraxis. Der späte Wittgenstein führte den Begriff des Sprachspiels ein, um zu zeigen, dass unsere Sprache von einer geteilten Praxis abhängig ist, deren Regeln uns meist nicht bewusst sind, die aber die Bedeutung sprachlicher Ausdrücke bestimmen. In *Über Gewissheit* greift Wittgenstein auf Metaphern zurück, um das Ende aller Begründungen in der Lebensform deutlich zu machen. Besonders eindringlich, finde ich, ist die des Flussbetts:

> *»Die Mythologie kann wieder in Fluß geraten, das Flußbett der Gedanken sich verschieben. Aber ich unterscheide zwischen der Bewegung des Wassers im Flußbett und der Verschiebung dieses; obwohl es eine scharfe Trennung der beiden nicht gibt.«*[67]

---

66 Vgl. JNR, *Philosophie und Lebensform,* Frankfurt a. M. (2009), Kapitel I.

67 Ludwig Wittgenstein, *Über Gewissheit. Werkausgabe Band 8. Bemerkungen über die Farben. Über Gewissheit. Zettel. Vermischte Bemerkungen*, Frankfurt a. M. (1984), § 97.

Bei Wittgenstein ist nicht ganz klar, ob er mit *Lebens-form* die allgemein menschliche Lebensform oder die spezifische einer Sprachgemeinschaft oder gar die noch größere Vielfalt von Sprachspielen im Auge hat. In der Diskussion etwa zur Metamathematik und in manchen Passagen der *Philosophischen Untersuchungen* scheint sich Wittgenstein von einer realistischen Interpretation unserer Überzeugung zu entfernen. Manche Wittgenstein-Interpreten und Anhänger Wittgensteins (Wittgensteinianer) meinen sogar, dass sich die Frage der Begründung und die Suche nach Wahrheit erübrige. Diese Interpretation leuchtet mir nicht ein. Sollte Wittgenstein sie vertreten haben, geriete er damit in Widerspruch zu eigenen philosophischen Grundüberzeugungen. Zu diesen gehört, dass wir die (Verständigungspraxis) der Menschen ernst nehmen sollten und nicht der in der Philosophie und in den Einzelwissenschaften verbreiteten Auffassung folgen dürfen, wonach die Wissenschaften eine Methode seien, um aus dieser alltäglichen (lebensweltlichen) Verständigungspraxis auszusteigen und diese durch Definitionen und Theorien zu ersetzen. Am Grunde aller Verständigung liegt die gemeinsame, die geteilte und uns selbstverständlich erscheinende Praxis. Alles Begründen endet insofern in einer geteilten Lebensform. Diese Lebensform findet ihren Ausdruck in Wünschen und Überzeugungen, in Absichten, Hoffnungen, Wertungen und Erfahrungen. Sie steht als Ganze niemals zur Disposition. Auch die Praxis in den Einzelwissenschaften fügt sich in diese Lebensform ein. Es ist keine wissenschaftliche Disziplin denkbar, in der es keine Kommunikation gibt, keine Meinungsverschiedenheiten, die ausgetragen werden müssen, keine Interpretationen von Beobachtungen, keine logischen Schlussfolgerungen etc. Die wissenschaftliche Praxis ist nicht lediglich »Konstruktion«, sondern sie setzt einen gemeinsamen Bestand an Erfahrungen und Überzeugungen, an Wertungen und Einstellungen voraus. Diese sind im logischen und im zeitlichen Sinne *vor* aller Wissenschaft. Es ist eine irrige Vorstellung zu meinen, dass nur wissenschaftliches Wissen gewiss sei und daher alle anderen, außerwissenschaftlichen Überzeugungen den Test wissenschaftlicher Überprüfung zu bestehen hätten. Diese – szientistische – Auffassung übersieht, dass wissenschaftliches Wissen nur im Kontext einer geteilten Lebensform, im Kontext lebensweltlichen Wissens möglich ist.

Illustrieren wir diese abstrakten philosophischen Bemerkungen an einem Beispiel, das von zentraler Bedeutung ist, um das Verhältnis von Wissenschaft und Lebenswelt zu erfassen. So gut wie alle menschlichen Interaktionen, einschließlich der Kommunikation, beruhen darauf, dass wir uns wechselseitig Wünsche und Überzeugungen, emotive und epistemische Einstellungen verschiedenster Art zuschreiben. Wenn wir diese geteilte Zuschreibungspraxis aufgeben, dann bräche in diesem Augenblick alle Kommunikation und Interaktion in sich zusammen. Dieser Zusammenbruch wäre durch keine Wissenschaft zu kompensieren. Die behavioristische Biologie behauptete bis in die späten 1960er und frühen 1970er Jahre hinein, dass wir doch nicht wissen könnten, ob Säugetiere Gefühle haben. Es sei unwissenschaftlich, anzunehmen, dass Säugetiere Emotionen hätten, wie Angst, Lust oder Schmerz. Was wir wissenschaftlich beobachten können, sei lediglich Verhalten, alles andere sei Spekulation. Es ist erstaunlich, wie viele szientistisch gestimmte Biologen sich dieser Ideologie verschrieben haben. Nehmen wir sie einmal zum Zwecke des Argumentes ernst. Was ich bei anderen Menschen beobachten kann, ist ebenfalls lediglich deren Verhalten. Ich kann nie wissen, wie sich der andere fühlt, ob er Lust und Schmerz, Freude und Leid, Angst und Hoffnung, Wünsche und Überzeugungen hat. In der Tat gab es besonders im 19. Jahrhundert Philosophen, die meinten, dass man das Fremdpsychische nicht beweisen könne, dass man nicht wissen könne, ob andere Menschen ebenfalls Gefühle, Überzeugungen etc. haben. Dass man also eine solipsistische Position einnehmen müsste (*solus ipse*: nur ich selbst). Behavioristische Biologen und solipsistische Philosophien übersehen, dass sie mit dieser Auffassung das Gesamt unserer lebensweltlichen Kommunikation und Interaktion in Frage stellen und damit auch die Grundlage aller Wissenschaft zerstören. Wenn ich nicht mehr weiß, ob andere eine Überzeugung haben, dann kann ich mich mit dieser Überzeugung auch nicht auseinandersetzen, kann keine Diskussion führen, kann keine Begründung entwickeln, kann an der wissenschaftlichen Praxis nicht teilnehmen. Ernst genommen, führt eine solipsistische philosophische Position zum Zusammenbruch zwischenmenschlicher Interaktionen, Verständigungen und wissenschaftlicher Disziplin. Die geteilte Emotionalität ist zweifellos Voraussetzung dafür, überhaupt eine Sprache zu erlernen und zu interagieren. Der Solipsist entzieht der menschlichen Lebensform als Ganzer das Fundament. Ohne wechselseitige Zuschreibung von Absichten, Gefühlen und Einstellungen keine Sprache, keine Interaktion und keine Wissenschaft. Wer ernsthaft bezweifelt, dass eine Katze Schmerzen haben kann, hat ein psychisches und kein Erkenntnisproblem. Wer ernsthaft bezweifelt, dass dort vorne ein Baum steht, wenn er vor einem Baum steht, hat kein philosophisches Problem, sondern sollte einen Arzt aufsuchen. Man kann dies umkehren: Solipsismus und Szientismus sind ernst genommen Symptome einer psychischen Erkrankung, nicht ernst genommen aber sinnlos. »Der Vernünftige hat gewisse Zweifel *nicht*.«[68] »*Wer keiner Tatsache gewiß ist, der kann auch des Sinnes seiner Worte nicht gewiß sein.*«[69]

## 2. Empirisches und normatives Orientierungswissen

Das lebensweltliche Orientierungswissen muss allen gemeinsam je individuell zur Verfügung stehen. Dies ist der deutliche Gegensatz zum wissenschaftlichen Wissen. Dieses muss nicht jedem je individuell zur Verfü-

---

68  Ebenda, § 220.
69  Ebenda, § 114.

gung stehen. Eine gelungene Lebenspraxis setzt Orientierungswissen voraus, aber nicht wissenschaftliches Wissen. Im Sinne unserer drei Kategorien des vorausgegangenen Kapitels gehört Orientierungswissen in die erste: Jeder muss über dieses Wissen je individuell verfügen. Es reicht nicht, wenn ich weiß, wer etwas weiß, wie es im Falle von technischem Wissen zum Beispiel der Fall ist. Die technische Praxis unserer Zivilisation setzt voraus, dass Einzelne über technisches Wissen verfügen. Aber nicht alle, die an dieser Praxis teilhaben, müssen darüber verfügen. Es genügt, dass sie wissen, dass es Einzelne gibt, die darüber verfügen, und dass sie darauf vertrauen, dass diese die technischen Vorkehrungen so gestalten, dass sie ohne Risiko davon Gebrauch machen können. Lebensweltliches Orientierungswissen ist also zentraler für die Bildung als wissenschaftliches (technisches, juristisches ...) Wissen. Im Folgenden wollen wir etwas genauer beschreiben, was das lebensweltliche Orientierungswissen ausmacht. Dazu unterscheiden wir zunächst zwischen empirischem und normativem Orientierungswissen.

Empirisches Orientierungswissen gibt es vor und unabhängig von aller Wissenschaft. Zu diesem gehört die realistische Interpretation unserer Erfahrungen. Schon kleine Kinder lernen, dass sie sich in Raum und Zeit bewegen, und mit zunehmendem Alter zwischen Fantasie und Realität zu unterscheiden. Wir sind mit großen, festen Gegenständen konfrontiert, deren Existenz nicht davon abhängt, was wir glauben. Wenn wir ein Zimmer verlassen, in dem ein Stuhl stand, sind wir davon überzeugt, dass dieser Stuhl nach wie vor in diesem Zimmer steht, auch wenn er von uns nicht mehr wahrgenommen wird. Kleine Kinder müssen lernen, dass das, was sie wahrnehmen, nicht immer dem entspricht, was andere wahrnehmen, dass, wenn sie sich die Augen zuhalten und den anderen nicht sehen, der andere aber nach wie vor in der Lage ist, sie zu sehen. Zum empirischen Orientierungswissen gehört die Überwindung des kindlichen Solipsismus. Dies ist ein schmerzhafter Prozess und man kann ihn am Ende nicht wieder dadurch rückgängig machen, dass man sein Ergebnis, nun gestützt auf vermeintlich philosophische Argumente, in Frage stellt. Das Kind lernt, dass die eigenen Empfindungen und Wahrnehmungen nicht der Maßstab der Welt sind, dass die Welt unabhängig von diesen Wahrnehmungen und Empfindungen besteht und dass es darauf ankommt, die eigenen Wahrnehmungen und Empfindungen angemessen zu interpretieren.

Zum lebensweltlichen Orientierungswissen gehört ein robuster Realismus. Dieser Realismus ist nicht das Ergebnis metaphysischer oder ontologischer Spekulationen und er bedarf nicht solcher Spekulationen, er ist Teil eines gebildeten Verhältnisses zur Welt. Zum empirischen Orientierungswissen gehört die Erfahrung, dass sich Gegenstände nicht mit ihrer Erscheinungsform ändern (müssen). Es gibt unterschiedliche Aspekte des gleichen Gegenstandes, unterschiedliche Möglichkeiten, ihn zu beschreiben, es gibt insbesondere eine Bedingtheit unserer Wahrnehmung. Der gleiche Gegenstand erscheint manchmal als rosa und manchmal als violett, je nach Lichteinfall. Ein Stab erscheint gebrochen, wenn er ins Wasser getaucht wird, Äußerungen einer Person stehen unterschiedlichen Interpretationen offen. Solipsistische, aber auch idealistische Interpretationen des empirischen Orientierungswissens sind Zeichen der Unreife, Zeichen mangelnder Bildung.[70] Wer ernsthaft meint, dass heute die Sonne scheint, weil er es sich gestern so heftig gewünscht hat, fällt in einen frühkindlichen epistemischen Zustand zurück, das empirische Orientierungswissen erweist sich in diesem Fall als unzureichend ausgebildet.

Das, was Immanuel Kant als »Anschauungsformen von Raum und Zeit«[71] bezeichnet, prägt unser empirisches Orientierungswissen. Wir ordnen unsere Erfahrungen raumzeitlich an und versuchen, ihnen eine in Raum und Zeit kohärente Interpretation zu unterlegen. Ereignisse, die uns merkwürdig vorkommen, die wir nicht erwartet haben, wecken in uns ein Erklärungsbedürfnis. Die logische Form der lebensweltlichen Erklärungen gleicht dabei wissenschaftlichen Erklärungen: In der Lebenswelt wie in der Wissenschaft führt eine »gelungene« Erklärung eines Ereignisses dazu, dass dieses nun (nach der Erklärung) plausibler erscheint, dass

---

70 Idealismus wird hier im strengen Sinne verstanden; nicht alles, was als philosophischer Idealismus zählt, fällt darunter. Platon war mit Sicherheit kein Idealist in dem hier gemeinten Sinne. Der radikale Konstruktivismus der Gegenwart ist dagegen idealistisch in dem hier gemeinten Sinne.
71 Vgl. Immanuel Kant, *Kritik der reinen Vernunft* (1787).

der Überraschungseffekt gemildert ist, dass wir (nach der Erklärung) sehen, dass wir das Ereignis hätten erwarten sollen, dass es nicht so unwahrscheinlich war, wie wir dachten (von einem Ereignis überrascht, aber auch irritiert sein setzt voraus, dass wir es nicht erwarten).

Eine Erklärung führt also Sachverhalte an, die das zu Erklärende wahrscheinlicher machen (wahrscheinlicher gegenüber der Wissenssituation vor der Erklärung). Eine erfolgreiche Erklärung bettet das Ereignis in einen Wissenszusammenhang ein, das Ereignis (der betreffende Sachverhalt) ist nun Teil einer kohärenten Beschreibung der Welt geworden. Erklärungen erhöhen die Kohärenz unserer empirischen Überzeugungen. Eine Erfahrung resultiert immer in einer empirischen Überzeugung. Ich sehe, wie der Apfel vom Baum fällt, und habe daher eine Überzeugung, nämlich dass dieser Apfel gerade (zu einem bestimmten Zeitpunkt) vom Baum gefallen ist. Wenn mich dieses Ereignis überrascht, dann deswegen, weil ich nicht erwartet habe, dass der Apfel (jetzt) vom Baum fällt. Eine Erklärung dieses Ereignisses bettet die Überzeugung, dass jetzt der Apfel vom Baum gefallen ist, in andere (empirische) Überzeugungen ein, zu denen etwa gehören kann, dass ein Vogel sich an diesem Apfel zu schaffen gemacht hat und dass die Verletzungen des Stiels ausreichten, den Apfel vorzeitig (also noch unreif) vom Baum fallen zu lassen. Solche lebensweltlichen Erklärungen können vollkommen rational sein. Sie werden nicht erst dadurch rational, dass wir über eine wissenschaftliche Theorie verfügen, die in Gestalt physikalischer und biologischer Gesetzmäßigkeiten dieses konkrete Ereignis des »Vom-Baume-Fallens« in einen umfassenden begrifflichen und *nomologischen* Rahmen einbettet. Vielmehr gibt es einen fließenden Übergang von lebensweltlichen Erklärungen von der Art dieses Beispiels zu wissenschaftlichen Erklärungen. Die wissenschaftlichen Gesetzmäßigkeiten sind abstrakter, in vielen Fällen können sie mathematisch gefasst werden, aber die logische Form ist die gleiche: Ein Ereignis überrascht uns. Damit es uns überrascht, müssen wir zunächst die Erfahrung dieses Ereignisses machen, das heißt – in der Regel – beobachten. Wir vertrauen dieser Beobachtung, bilden also eine Überzeugung aus, dass dieses Ereignis stattgefunden hat. Wir wundern uns, dass dieses Ereignis stattgefunden hat, das heißt, wir haben Schwierigkeiten, unsere Überzeugungen in den größeren Zusammenhang unserer sonstigen (empirischen) Überzeugungen einzubetten. Dennoch zweifeln wir nicht daran, dass dieses Ereignis stattgefunden hat. Wir beginnen, nach Erklärungen für dieses Ereignis zu suchen. Wenn wir damit erfolgreich sind, erscheint dieses Ereignis plausibel, zumindest wahrscheinlicher, als es zunächst schien. Eine (lebensweltliche) Erklärung stellt nicht alles in Frage. Zum Beispiel stellen Erklärungen nicht in Frage, dass wir unseren Beobachtungen – in der Regel – vertrauen können. Ja, das Gros unserer empirischen Überzeugungen bleibt von – guten – Erklärungen unangetastet. Es ist Merkmal einer guten Erklärung, dass dem so ist. Eine Erklärung, die in Widerspruch gerät zu allzu vielen unserer wohlbegründet erscheinenden

Überzeugungen, würde einen ideologischen Charakter haben. Ideologien können erklären, aber nur um den Preis der Aufgabe vernünftiger Überzeugungen. Ideologische Erklärungen stehen im Konflikt mit lebensweltlichen Überzeugungen. Gute Wissenschaft steht nicht im Konflikt mit lebensweltlichen Überzeugungen, sie ist nicht ideologisch.

Wir müssen uns von der positivistischen Ideologie lösen, dass es uninterpretierte, direkte, einfache, theorieunabhängige Daten gibt. Für das Neugeborene besteht die Welt vermutlich aus bestimmten Empfindungen und der Brust der Mutter.[72] Das Neugeborene hat Bedürfnisse, die es dadurch befriedigt, dass es an der Mutterbrust saugt. Die Welt ist überschaubar. Das Kind schreit, wenn es Durst hat. Dies ist – so können wir annehmen – genetisch fixiert. Das Kind setzt das Schreien nicht in der Absicht ein, die Mutter dazu zu bringen, ihm die Brust zu geben. Aber im Laufe der ersten Lebensmonate wird es möglicherweise diesen Zusammenhang zwischen Schreien und Bedürfnisbefriedigung erkennen. Irgendwann wird es seine Unmutsäußerungen einsetzen, um seine Ziele zu erreichen. Dies ist der erste – intentionale – Schritt zur Verständigung. Es informiert die Mutter über die eigenen Bedürfnisse, indem es seine Unlust mitteilt. Die Welt erweitert sich über die eigenen Gefühlslagen und die Mutterbrust hinaus. Die Anwesenheit oder

---

72  Vgl. William Stern, *Psychologie der frühen Kindheit bis zum sechsten Lebensjahr. Mit Benutzung ungedruckter Tagebücher von Clara Stern,* Heidelberg (1964).

Abwesenheit der Mutter oder einer anderen Bezugsperson lässt sich durch eigenes Verhalten beeinflussen. Das Baby lernt, dass es den Weltverlauf – jedenfalls hinsichtlich dieses Aspektes – beeinflussen kann. Vielleicht ist das der Ursprung unseres Kausalitätsverständnisses: Wir können mit eigenem Handeln den Verlauf verändern.[73]

Die Frage, *was wäre gewesen, wenn (nicht)*, steht am Beginn aller lebensweltlichen Erklärung. Ich kann dies – in Grenzen – überprüfen, indem ich handle. Wenn ich in einer bestimmten Weise handle, ist die Welt danach anders, als sie gewesen wäre, hätte ich nicht so gehandelt. Dies ist die ursprüngliche Erfahrung der Autorschaft. Schon das kleine Kind erfährt sich als Autor, ja, es tendiert dazu, die eigene Autorschaft bei Weitem zu überschätzen. Da die eigene Machtvollkommenheit unbegrenzt ist, ist die Erschütterung umso größer, wenn die Grenzen, meist schmerzlich, ins Bewusstsein treten. Das Kind lernt, verantwortlich zu handeln, indem ihm

---

73 Georg Henrik von Wright hat daraus eine philosophische Theorie der Erklärungen entwickelt: *Explanation and Understanding*, New York (2004). Demnach geht die Erfahrung des eigenen Handelns, die Möglichkeit der Intervention in den Weltverlauf der Erklärung voraus. Unsere Vorstellungen von Kausalität beruhen auf der Erfahrung, in den Weltverlauf eingreifen zu können: Wenn ich anders gehandelt hätte, wäre dieses nicht eingetreten. Ich musste nicht so handeln, ich hätte auch eine andere Möglichkeit gehabt. Nur diese Erfahrung ermöglicht es, kontrafaktisch zu reden: Was wäre gewesen, wenn. Kausalerklärungen sind in gewissem Sinne immer kontrafaktisch: Wenn dieses Ereignis nicht gewesen wäre, dann wäre jenes Ereignis nicht eingetreten – gerade deswegen wird jenes Ereignis durch dieses erklärt.

zunehmend beides bewusst wird: die Wirkungen des eigenen Handelns auf die Welt, zumal auch auf andere Personen, zum Beispiel andere Kinder einerseits und die Grenzen des eigenen Einflusses andererseits. Den Ball haben zu wollen und sich anzustrengen, ihn zu bekommen, reicht nicht aus, um am Ende erfolgreich zu sein. Ja, man kann dabei sein eigenes Leben gefährden. Das herannahende Auto gehorcht nicht dem eigenen Willen. Vieles gehorcht nicht dem eigenen Willen und man kann die Durchsetzung des eigenen Willens nur selten erzwingen. Die Welt ist widerständig und man ist selbst nur ein (kleiner) Teil des Weltgeschehens. Andere haben ebenfalls Ziele und nicht immer gehen diese mit den eigenen Vorstellungen konform. Ich habe ein Interesse daran, dass andere meinen Willen respektieren, so wie andere ein Interesse daran haben, dass ich deren Willen respektiere. Wir sollten daher gemeinsam bestimmten Regeln folgen, die es erlauben, dass wir in möglichst großem Umfang unseren eigenen Willen realisieren können. Immanuel Kant hat die aus dieser Einsicht sich ergebende Ethik am klarsten entwickelt. Die ethische Bildung des Kindes beginnt mit der (empirischen) Erfahrung, dass es andere Willen gibt und dass eine humane Lebensform darin besteht, diesen gleichen Respekt entgegenzubringen. Empirisches und normatives Orientierungswissen sind unauflöslich miteinander verknüpft.

**Dritter Teil**

# Bildungsziel: humane Praxis

# Kapitel VII

# Tugenden

> »Wie in den olympischen Spielen nicht die Schönsten
> und Stärksten bekränzt werden, sondern jene, die
> kämpfen (denn unter diesen befinden sich die Sieger),
> so werden auch jene die schönen und guten Dinge des
> Lebens gewinnen, die richtig handeln.«[74]

Von Tugenden ist heute im Alltag selten, oder wenn,
dann eher ironisch, die Rede. Tatsächlich erleben wir
unter anderen Begriffen eine Renaissance der Tugenden,
allerdings in einer Art Schrumpfform als Kompetenzen
oder *soft skills*. Ich plädiere in diesem Kapitel für die Wie-
deraufnahme eines reichhaltigen Tugendbegriffs im aktuellen Bildungsdiskurs. Er gliedert sich entsprechend
den drei Dimensionen der Bildung in »dianoetische
Tugenden« (Urteilskraft, Theorie), »ethische Tugenden«
(Normativität, Praxis) und »emotionale Tugenden« (Gefühle, Emotionalität).

--------

74  Aristoteles, *Nikomachische Ethik*.

Die Ursprünge der humanistischen Bildungsidee liegen, wie wir gesehen haben, in der griechischen Klassik. Die problematischen Einseitigkeiten humanistischer Bildungspraxis im 19. und 20. Jahrhundert verdanken sich nicht so sehr diesen Quellen als einer besonderen Rezeptionsgeschichte. Während die entscheidenden philosophischen Impulse in der griechischen Klassik unmittelbar aus eigener praktischer und speziell politischer Erfahrung wuchsen und auf eigener Forschung beruhten, musste diese später erst mühsam aus Texten, zunächst meist nicht im Original, sondern in lateinischer Fassung, rezipiert werden. Aus Texten, die auf eigener Naturforschung beruhten oder aus zahlreichen Gesprächen hervorgegangen sind, wurden Texte, die man lernen, allenfalls kommentieren musste. Insbesondere Aristoteles wurde zu einer Autorität – überformt von christlicher Dogmatik –, die man nicht in Frage stellen durfte. Aber auch später in der italienischen Renaissance, die mit besonderer Sympathie denjenigen Theoretikern der griechischen Klassik nachspürte, die Auffassungen hatten, die mit denen des Aristoteles nicht übereinstimmten, war der Schritt zu eigenständigem Denken, zu eigener Forschung schwierig. Die Schlagseite humanistischer Bildungspraxis in Richtung Buchwissen und alte Sprachen, die Abwertung der eigenen Erfahrung, der Naturforschung, der Technik insbesondere des 19. Jahrhunderts, hat dort ihre Wurzeln.[75]

---

75 Ich ärgere mich bis heute, wenn ich die Standardübersetzung der *Nikomachischen Ethik* von Olof Gigon lese, die in ihrem pa-

Wir werden uns im Folgenden aus dem reichen Fundus der Tugendlehre bedienen, aber ohne jede falsche Ehrfurcht. Es geht darum, das ungewöhnlich hohe Niveau praktischer Philosophie, das während der griechischen Klassik und danach erreicht wurde, für unsere Zwecke einer Philosophie humaner Bildung fruchtbar zu machen. Dass überhaupt dieses Anregungspotenzial über 2500 Jahre hinweg Bestand haben kann, grenzt an ein Wunder. Dies hängt zum einen damit zusammen, dass die Verfassung der griechischen Stadtstaaten von der unsrigen in kultureller und sozialer Hinsicht gar nicht so weit entfernt war, wie man meinen könnte. Und zum anderen hängt dies natürlich damit zusammen, dass es eine europäische Kulturentwicklung gibt, die in dieser kurzen Phase der griechischen Geschichte wesentliche Impulse erfahren hat, die über die Jahrhunderte hinweg – wenn auch gebrochen und entstellt – bis heute nachwirken. Zwei Schlüsselbegriffe der klassischen griechischen Philosophie sind dabei für unsere

---

pieren, philologisch im Ganzen zwar korrekten, aber bis an die Unverständlichkeit gehenden Stil den Zugang eher verbaut als erschließt. Nie würde es ein Übersetzer wagen, in ähnlichem Stil etwa Romane aus dem Englischen ins Deutsche zu übertragen. Das griechische Original ist weit klarer, logisch strukturierter, übersichtlicher und viel lebendiger als die deutsche Übertragung. Wenn dann noch ein Zentralbegriff wie der der *aretē* an der einen Stelle mit »Tugend«, an der anderen aber mit »Tüchtigkeit« übersetzt wird, wenn *technê* einmal Kunst und einmal Fertigkeit ist, manchmal Kunstfertigkeit, dann geht der logische Zusammenhang der Argumentation des Aristoteles leicht verloren.

Philosophie einer humanen Bildung von besonderem Interesse: der der Tugend, der *aretē* (gr.: ἀρετή) und der des gelungenen Lebens, der *eudaimonia* (gr.: εὐδαιμονία) und schließlich der Zusammenhang zwischen diesen beiden. Wir werden das herausgreifen, was uns hilfreich erscheint, und wir werden es verändern, damit es für unsere Begrifflichkeit und unsere heutige Herausforderung der Bildung sinnvoll ist.

## 1. Dianoetische Tugenden

In unterschiedlichen Varianten wird in der *Nikomachischen Ethik* des Aristoteles ein enger und eindeutiger Zusammenhang zwischen *aretē* und *eudaimonia* behauptet. Demnach besteht *eudaimonia* in der Aktivität der Seele gemäß der *aretē*. Wenn es nun in deutscher Übersetzung heißt: »*Da die Glückseligkeit eine Tätigkeit der Seele gemäß der vollkommenen Tugend ist (…)*«, dann ist jedenfalls garantiert, dass dieses zentrale Element der praktischen Philosophie des Aristoteles unverstanden bleibt. Wie der Terminus *Glückseligkeit* nahelegt, würde es sich um eine Form von Seligkeit handeln, um einen besonderen Zustand der Seele, und dieser Zustand werde hervorgerufen, in dem man die Seele tugendhaft in Bewegung hält. Bei *eudaimonia* handelt es sich jedoch ganz offensichtlich nicht um irgendeine Art von »Seligkeit«. Es ist gerade das Besondere des antiken *eudaimonia*-Begriffs, dass er selbst bei dem vermeintlichen Hedonisten Epikur mit einer Optimierung des mentalen Zustandes so gut wie nichts zu tun hat. Sprachgeschichtlich geht der Ausdruck auf die archaische Vorstellung zurück, dass Menschen einen guten oder einen schlechten Dämon haben können, und je nachdem hat man eben Glück oder Pech im Leben. Die griechische Klassik, ganz unabhängig davon, von welcher Philosophenschule man ausgeht, verlagert diesen Dämon in die Person hinein. Es ist die Person, die über *eudaimonia* entscheidet, und nichts Äußeres, kein Schicksal, kein Zufall (das ist der Unterschied zwischen *eutychia* [gr.: εὐτυχία] und *eudaimonia*), kein Gott. Das ist die humanistische Herausforderung an ihrem Ursprung: Wie sollen wir leben, was kann als ein gutes, ein gelungenes Leben gelten? Und die Bestimmung dessen hat unabhängig davon zu sein, welche Zufälligkeiten, welche Schicksalsschläge oder Glücksfälle mein Leben beeinflussen. Die unterschiedlichen antiken Philosophenschulen versuchen auf diese Herausforderung eine Antwort zu finden. Das ist aber genau die Herausforderung, die wir in diesem Grundriss als den Kern der humanistischen Bildung bezeichnet haben.

In der Erörterung der Tugenden im zweiten Buch der *Nikomachischen Ethik* charakterisiert Aristoteles diese einerseits als Dispositionen, die uns nicht von Natur aus eigen sind, und andererseits als eine Art von Entscheidung, *prohairesis* (gr.: προαίρεσις).[76] Tugenden sind also

---

76 Nun, »Entscheidung« ist eine weitere problematische Übersetzung bei Olof Gigon, im Original steht hier *prohairesis*, ein Begriff, der weit umfassender ist und ins Lateinische und von

weder angeboren noch kulturell vorgegeben, sie sind Ergebnis menschlicher Bewertung und menschlicher Aktivität. Der Schlüssel zum richtigen Verständnis ist allerdings die Charakterisierung von *aretē* über die jeweils spezifischen Fähigkeiten des Einzelnen und des Menschen als Gattungswesen.

In der zeitgenössischen praktischen Philosophie hat sich international in den letzten Jahren ein dritter Ansatz etabliert, neben Utilitarismus (Konsequenzialismus) und Kantianismus (deontologische Ethik) der sogenannte *Perfektionismus*. Ausgangspunkt des Perfektionismus ist die Aristotelische Überzeugung, dass ein gelungenes Leben *(eudaimonia)* darin besteht, die eigenen Anlagen, Begabungen und Fähigkeiten zu voller Entfaltung zu bringen. Der Utilitarismus hatte seit seinen Anfängen mit dem Einwand zu kämpfen, dass es doch nicht lediglich darauf ankomme, ein möglichst zufriedenes Leben zu führen. Einer der Klassiker des Utilitarismus, John Stuart Mill, zugleich Mitbegründer der modernen Ökonomie, hatte darauf reagiert und gemeint, dass es auch auf die Qualität der Bedürfnisse ankäme und nicht lediglich auf den Grad ihrer Befriedigung. Traditionelle und reaktionäre Bildungsskepsis hatte oft diesen Kern: Sind Menschen nicht glücklicher, wenn sie weniger gebildet sind? Warum sollen Mädchen höhere Schulen besuchen, wenn dies dazu führt, dass sie in ihrer Rolle als Mutter

---

dort ins Deutsche übertragen eigentlich »Präferenz« bedeutet (*prohairein* – vorziehen).

und Hausfrau unzufriedener werden? Führt nicht allgemeine Bildung zu Unzufriedenheit mit der je etablierten Herrschaft, zu Aufständen und Unruhen und zerstört am Ende die »natürliche« Ordnung des Oben und Unten? Perfektionisten setzten dem folgende Intuition entgegen: Es ist schlecht, wenn besondere menschliche Anlagen, Begabungen und Fähigkeiten nicht zur vollen Entfaltung kommen, wenn sie gar an ihrer Entfaltung bewusst gehindert werden oder nur durch Nichtgebrauch verkümmern. In diesem Sinne ist der Perfektionismus integraler Bestandteil einer Philosophie humaner Bildung. Was immer die Folgen für die subjektive Zufriedenheit sind, die Fähigkeiten von Individuen zur vollen Entfaltung zu bringen, ist sinnvoll. Es sind diese selbst, die letztlich darüber entscheiden, welchen Gebrauch sie von diesen Fähigkeiten machen.

Tugenden im Aristotelischen Sinne sind nichts anderes als Wertungen, Einstellungen und Entscheidungen, die die eigenen Fähigkeiten zur vollen Entfaltung bringen lassen. Mit der tugendhaften Maid des 19. Jahrhunderts, deren Tugendhaftigkeit sich vor allem darin äußert, dass sie sich von Männern fernhält und ein zurückgezogenes Leben führt, bis sie auf Wunsch der Eltern standesgemäß verehelicht wird, hat dies gar nichts zu tun. Im Gegenteil, diese Maid droht zu verkümmern, sie wird ihre Fähigkeiten so nicht zur vollen Entfaltung bringen, es handelt sich daher nicht um eine tugendhafte Praxis, sondern im Gegenteil um eine, die mit einem angemessenen Tugendverständnis unvereinbar ist. Besonders deutlich zeigt sich diese Differenz zum ursprünglichen

Aristotelischen Tugendbegriff bei den sogenannten dianoetischen Tugenden. *Dianoia* (gr.: διάνοια) ist der Gedanke. Die dianoetischen Tugenden sind also solche, die unsere Fähigkeiten, richtig zu denken und zu urteilen, zu voller Entfaltung bringen. Dies ist Teil der Aktivität der Seele, zentraler Bestandteil eines guten Lebens. Ob dies auch »glückselig« im neuzeitlichen Sinne macht, ist dabei ganz irrelevant. Dianoetische Tugenden äußern sich in einer entwickelten Urteilskraft. Man könnte auch sagen, Urteilskraft ist die oberste dianoetische Tugend, die alle anderen umfasst. Die kognitive Dimension von Bildung ist gerade darauf gerichtet: auf die Entwicklung von Urteilskraft. Diese wiederum ist Voraussetzung eines selbstbestimmten, eigenverantwortlichen Lebens. Die Fähigkeit zur kritischen Prüfung eigener und fremder Argumente. Die Fähigkeit zu logischem Schließen. Die Fähigkeit zu abstrahieren, auch vom eigenen Interessenstandpunkt. Die Fähigkeit zu einem ergebnisoffenen Gespräch (dialogische Fähigkeit) etc.

Für die griechische Klassik war Weisheit, *sophia* (gr.: σοφία), die oberste dianoetische Tugend. Ist Weisheit mehr als Urteilskraft? Oder ein Aspekt von Urteilskraft? Oder ist Weisheit eher Ausdruck einer Geisteshaltung, einer Einstellung zu den Dingen und den Menschen, die in sich stimmig, ja in dieser Hinsicht abgeschlossen erscheint? Nicht nur im modernen, sondern auch im antiken Sprachgebrauch wird diese dianoetische Tugend eher den Älteren als den Jüngeren zugetraut. Das schnelle und verlässliche Lösen von Rechenaufgaben ist noch kein Ausdruck von Weisheit. Aristoteles schreibt in der *Nikomachischen Ethik*, dass diese sich nicht an Jüngere wendet, weil diesen noch die Lebenserfahrung fehle, um ihr Leben konkret an den Ergebnissen auszurichten. Die politische Wissenschaft, die Philosophie des richtigen Handelns als aktiver Bürger einer politischen Gemeinschaft (damals einer *Polis*) soll praxisrelevant sein, der – ins Moderne übertragen – geschickte Umgang mit empirischen Daten, qualitative und quantitative Methoden moderner Sozialwissenschaften reichen dafür nicht aus. Der Adressat ist vielmehr die aus Erfahrung lebensklug gewordene Person, wenn man *phronimos* (gr.: *φρόνιμος*) so übersetzen will. Die entsprechende Tugend, *phronēsis* (gr.: *φρόνησις*), hat Züge einer dianoetischen, aber auch einer ethischen Tugend. Sie zeigt sich in Urteilskraft und in überzeugender Praxis gleichermaßen.

## 2. Ethische Tugenden

Dianoetische Tugenden entwickeln sich durch den Unterricht, sie sind nach der Auffassung von Aristoteles im günstigen Fall Ergebnis der Belehrung. Ethische Tugenden hingegen entstehen aus der Gewöhnung an eine Praxis. Belehrung allein jedenfalls ist für diese wirkungslos. Damit setzt sich Aristoteles an dieser Stelle deutlich von Platon ab. Platon vertraute hinsichtlich aller Tugenden auf die philosophische Einsicht. Aristoteles hingegen meint, dass gerade diejenigen Tugenden, die für die Praxis ausschlaggebend sind, durch Belehrung allenfalls unzureichend und letztlich nur durch die Einübung, die Wiederholung und Anleitung in einer Praxis entwickelt werden können. Auch die Gesetze, die in einem Staat gelten, sollten nach Aristoteles eine solche ethische Funktion haben, das heißt durch Gewöhnung an bestimmte Verhaltensweisen ethische Tugenden fördern.

Zur inhaltlichen Bestimmung der Tugenden entwickelt Aristoteles seine berühmte *Mesotes*-Lehre, die Auffassung, dass Tugenden jeweils ein Mittleres seien zwischen Extremen.[77] Tapferkeit sei das Mittlere zwischen Feigheit und Tollkühnheit etc. Manche nehmen die *Mesotes*-Lehre als Zentrum humanistischen Denkens überhaupt.[78] Zweifellos spielt die Mäßigung nicht nur in der aristotelischen Variante, sondern besonders auch im Humanismus der italienischen Frührenaissance eine wichtige Rolle. Die Idee der Harmonie, die Harmonie der Einzelseele und die des gesellschaftlichen Ganzen, setzt Maß und Mitte, setzt Mäßigung und Besonnenheit, *sōphrosynē* (gr.: σωφροσύνη), voraus. In vielen Fällen ist es allerdings äußerst künstlich, Tugend als Mitte zwischen zwei Extremen zu bestimmen, was offenbar schon Aristoteles aufgefallen ist, oft erscheint das Mittlere nicht als das Beste. Die Stoiker haben Aristoteles wegen seiner *Mesotes*-Lehre scharf kritisiert.

Auch wenn Bestimmung von Tugend als das jeweils

---

77  Vgl. Aristoteles, *Nikomachische Ethik.*

78  Vgl. die umfassende Studie zur Entwicklung des Humanismus: Peter Cornelius Mayer-Tasch, *Mitte und Maß*, Baden-Baden (2006).

Mittlere nicht wirklich überzeugen kann, so steht hinter der *Mesotes*-Lehre doch eine Einsicht, die für eine Philosophie humaner Bildung bedeutsam ist. Aristoteles vermeidet in allen seinen Schriften die polemische Zuspitzung, das Exzentrische, die Extreme. Gleiches gilt für den großen amerikanischen Bildungsreformer John Dewey. Beiden hat dieser Denk- und Schreibstil Kritik und Verachtung eingebracht. Aber eben dieser Stil ist auch Ausdruck einer humanen Gesinnung des Ernstnehmens anderer, der Rücksichtnahme auf verbreitete Meinungen und etablierte Lebensformen. Diese können irrig oder auch inhuman sein, aber von ihnen muss man ausgehen, um zusammen mit anderen als *polites*, als Aktivbürger bei Aristoteles, und als Bürger eines modernen, industrialisierten, demokratischen Staates bei John Dewey eine humane Ordnung zu gestalten. Auf die Utopie einer ganz anderen Ordnung zu verzichten, ist Ausdruck dieser Form von Humanität. Der Theoretiker steht nicht außerhalb, sondern inmitten der Gesellschaft, er meidet die Extreme auch deshalb, um verstanden zu werden und eine Wirkung ohne Zwang zu entfalten. Der gebildete Mensch versucht, Konflikte durch Ausgleich, nicht durch Sieg, zu überwinden, er sucht nicht die Provokation, sondern die Verständigung, er hält zusammen, wo die Einzelteile auseinanderzubrechen drohen, er neigt sich nach links, wenn der Kahn nach rechts zu kentern droht. Und umgekehrt, wie Thomas Mann seine politische Haltung einmal charakterisiert hat.

Ethische Tugenden, da hat Aristoteles sicherlich recht, entwickeln sich durch die Praxis und werden zu

Charaktermerkmalen in ihrer Bewährung durch die Praxis. Da ethische, nicht nur dianoetische Tugenden ein zentrales Bildungsziel darstellen, ist die praktische Erfahrung für den Bildungserfolg genauso ausschlaggebend wie die Entwicklung kognitiver Fähigkeiten und dianoetischer Tugenden.

Aristoteles selbst äußert im zweiten Buch der *Nikomachischen Ethik* Zweifel daran, ob es wirklich zwei getrennte Teile der Seele gibt, die diesen beiden getrennten Kategorien von Tugenden – dianoetischen und ethischen – entsprechen. Diese Zweifel sind berechtigt. Auch die dianoetischen Tugenden, die Bedingungen der Urteilskraft entwickeln sich nicht allein durch Unterweisung und Wissen. Vielmehr sind die theoretische und die praktisch-empirische Erfahrung eng miteinander verbunden. Die moderne Naturwissenschaft macht das zweifellos deutlicher als die antike Philosophie. Das Leben als Wissenschaftler ist heute nicht mehr das betrachtende Leben, das Aristoteles beschreibt. Und das Leben der politischen Praxis ist in hohem Maße von wissenschaftlicher Expertise (juristischer und ökonomischer insbesondere) geprägt. Die platonische Tendenz, Praxis unter Theorie zu subsumieren, ist ebenso problematisch wie die aristotelische der Trennung zweier Sphären. Eine zeitgenössische Erneuerung des Humanismus und die auf dieser basierende Philosophie einer humanen Bildung müssen die *Einheit von Theorie und Praxis* in den Mittelpunkt stellen. Die Separierung von Menschen auf dem Bildungsweg, die vermeintlich nur für die Praxis, und solchen, die nur für die Theorie taugen, war schon immer problematisch. Unter den Bedingungen der modernen Arbeitswelt ist diese Separierung ein Hindernis der Entfaltung persönlicher Fähigkeiten im Beruf geworden.[79]


## 3. Emotionale Tugenden

Die beiden großen philosophischen Strömungen des Hellenismus waren sich in einem einig: Die wichtigsten Tugenden sind die emotionalen. Epikureismus und Stoizismus hatten allerdings eine unterschiedliche Auffassung vom Inhalt emotionaler Tugenden und von den Lebensformen, die diesen Tugenden am besten entsprechen. Aber sie waren sich einig darin, dass ein gutes Leben vor allem darin besteht, die eigenen Emotionen zu kultivieren und zu kontrollieren. Entgegen einer weitverbreiteten Karikatur waren sich dabei Epikureismus und Stoizismus in vielem näher, als es zunächst scheint. Beide Philosophien der Lebenskunst hatten eine harmonische Lebensform im Blick, die durch die Neigungen und Leidenschaften des Augenblicks gefährdet ist.

---

79 In dieser Tradition der Separierung steht die Unterscheidung von berufs- und wissenschaftsorientierten Studiengängen im Bologna-Prozess. Wissenschaftsorientierung ist unter den modernen Bedingungen zugleich Berufsorientierung. In dieser Hinsicht ist die Universitätsidee von Wilhelm von Humboldt heute aktueller als vor 200 Jahren.

Epikureer empfahlen den Rückzug aus dem öffentlichen Leben und der Vielgeschäftigkeit. Sie empfahlen die Konzentration auf das Private, die Pflege von Freundschaften, eine gesunde, ausgeglichene, entspannte Lebensweise. Als Naturalisten waren sie davon überzeugt, dass nach dem Tod alles vorbei ist, man also auch keine Furcht vor den Göttern haben müsse. Epikur schöpfte offenbar Trost aus der Vorstellung, dass die Seele nichts anderes ist als eine Ansammlung von Atomen einer bestimmten Art, die sich in Bewegung befinden. Mit dem Tod hört diese Bewegung auf und die Seele ist nicht mehr. Der Epikureismus steht für eine radikale Immanenz. Die Sorge um sich selbst steht im Mittelpunkt. Es gibt keine übernatürlichen Kräfte, keine Weltvernunft und keine objektiven Pflichten.

Ganz anders die Stoa. Die Welt wird als vernünftig geordnetes Ganzes angesehen, der Mensch kann an dieser Weltvernunft, am *logos* (gr.: λόγος), teilhaben, wenn er sich nicht von seinen Leidenschaften treiben lässt. Für den Stoiker sind die eigenen emotionalen Wallungen, Hass und Liebe, Furcht und Hoffnung, etwas, zu dem er erst noch Stellung nehmen muss, bevor er sich entscheidet, so oder so zu handeln. Der Stoiker pflegt eine kritische Distanz zu sich selbst. Er unterscheidet zwischen den Dingen, die er unter seiner Kontrolle hat, für die er also verantwortlich ist, und den Dingen, die geschehen, unabhängig davon, was er tut. Diesen Ereignissen und Vorgängen gegenüber sollte er eine Haltung der Indifferenz entwickeln, wie schrecklich die Ereignisse auch erscheinen mögen. Dem Ziel der Unerschütterlichkeit der

Seele bei den Epikureern entspricht bei den Stoikern das der *apatheia* (gr.: *ἀπάθεια*), der Unabhängigkeit von allen Leidenschaften. Beides sind zweifellos extreme Philosophien antiker Lebenskunst. Im Zentrum beider stehen emotionale Tugenden. Für eine Philosophie humaner Bildung sind sie aber gerade deshalb von Bedeutung.

Im modernen Denken hat sich die Vorstellung durchgesetzt, dass Emotionalität und Rationalität Gegensätze seien. Das ist nicht nur psychologisch falsch, was auch von den jüngsten neurowissenschaftlichen Forschungsergebnissen bestätigt wird, sondern führt auch zu einer inhumanen Bildungstheorie und Bildungspraxis. Emotionale Tugenden sind allenfalls indirekt Bildungsziele (die Disziplin, die man Sechsjährigen zumutet, indem man sie zwingt, stundenlang auf Stühlen zu sitzen). Dies steht im merkwürdigen Kontrast zu anderen Bildungstraditionen. In dem südkoreanischen buddhistischen Lehrfilm *Frühling, Sommer, Herbst, Winter … Frühling* von Kim Ki-duk aus dem Jahre 2003 geht es fast ausschließlich um emotionale Tugenden[80]: In einem vorausgegangenen Kapitel wurde dargestellt, dass sich unsere Verantwortung nicht nur auf Handlungen beschränken lässt, sondern sich auch auf Überzeugungen und Emotionen ausdehnt. Diejenigen Emotionen, die sich von Gründen affizieren lassen, haben wir als »emotive Einstellungen« bezeichnet. Der aufkommende Hunger nach einer gewissen Zeit

---

80 Vgl. Nathalie Weidenfeld, *Das Drama der Identität*, Marburg (2012), Kapitel II. 4.

ohne Nahrungsaufnahme lässt sich von Gründen in der Regel nicht affizieren (es mag Ausnahmen als Ergebnis langer Exerzitien geben, wie die Yoga-Tradition nahelegt). Der Epikureer achtet darauf, dass der mit diesem Hungergefühl verbundene Wunsch zu essen nicht zur Selbstbeschädigung entartet. Der Stoiker hält Distanz zu den eigenen Gefühlsregungen, bewertet diese und entscheidet je nachdem, ob er sie für würdig empfindet. Nach der hier vorgetragenen Konzeption teilt die gebildete Person mit dem Stoiker die Fähigkeit zur Distanz gegenüber eigenen Neigungen und Gefühlsregungen. Sie teilt mit den Epikureern die Sorge um sich selbst, die allerdings eingebettet ist in eine Sorge für andere, die Ausdruck ihrer Gleichwürdigkeit ist. Und schließlich sorgt sie für eine Kohärenz der Strebungen (Neigungen und Wünsche), indem sie emotionale Tugenden entwickelt, die der Affektion durch Gründe Spielraum verschaffen. Es besteht ein wechselseitiges Stützungsverhältnis kognitiver Einstellungen, die von Gründen geleitet sind, und der Selbstbildung in Gestalt emotionaler Tugenden. Unser Bildungswesen hat eine kognitive Schlagseite: Auf dianoetische Tugenden fokussiert, vernachlässigt es ethische und emotionale.

Kapitel VIII

# Emanzipation, Inklusion, Demokratie

>>*Bleibt man fest dabei stehen, Zahl und Beschaffenheit*
*der Unterrichtsgegenstände nach der Möglichkeit der*
*allgemeinen Bildung des Gemüths in jeder Epoche*
*zu bestimmen, und jeden Gegenstand immer so zu*
*behandeln, wie er am meisten und besten auf das*
*Gemüth zurückwirkt, so muß eine ziemliche Gleichheit*
*herauskommen. Auch Griechisch gelernt zu haben könnte*
*auf diese Weise dem Tischler ebenso wenig unnütz seyn,*
*als Tische zu machen dem Gelehrten.*<<[81]

Bildung findet innerhalb einer politischen und gesellschaftlichen Ordnung statt, Bildung wird durch diese
geprägt und sie wiederum prägt die politische und gesellschaftliche Ordnung. Die besondere Ordnung der
Demokratie ist als einzige mit Bildung unauflöslich verknüpft. Demokratie und Bildung sind wechselseitig auf-
einander angewiesen. Ohne Bildung ist Demokratie als

---

[81] Wilhelm von Humboldt, *Der Litauische Schulplan* (1809).

Staats- und als Lebensform nicht möglich und Bildung befördert die Demokratie, in der demokratischen Praxis bewährt und erfüllt sich Bildung. Die beiden Grundwerte der Bildung in der Demokratie sind Emanzipation und Inklusion. Entsprechend gliedert sich dieses Kapitel in (1) Emanzipation, (2) Inklusion und (3) Demokratie.

## 1. Emanzipation

Die politische Moderne beginnt mit der Erkenntnis, dass Menschen frei und gleich sind. So unterschiedliche Denker wie Thomas Hobbes, John Locke, Jean-Jacques Rousseau oder Immanuel Kant eint diese Überzeugung. Jeder dieser vier Klassiker der politischen Moderne gibt diesen beiden Postulaten der Freiheit und Gleichheit aller Menschen allerdings eine unterschiedliche Interpretation. Für Thomas Hobbes besteht die Freiheit darin, dass es kein Naturrecht im traditionellen Sinne gibt, dass Menschen das Recht haben, alles zu tun, was ihren eigenen Interessen dient, und speziell, was ihr Leben erhält. Es gibt keine natürliche Pflicht, irgendjemandem Untertan zu sein. Es gibt keine Herrschaft von Natur. Jede Herrschaft muss gestiftet werden, sie ist Menschenwerk und muss gegenüber jedem Einzelnen gerechtfertigt sein. Gerechtfertigt ist sie, wenn sie den Interessen des Einzelnen dient. Gleich sind für Thomas Hobbes die Menschen bei aller Unterschiedlichkeit von Körper- und Geisteskräften deswegen, weil auch der Stärkste bedroht ist, keine natürliche Überlegenheit reicht aus, um ihn unantastbar zu machen.

Thomas Hobbes ist ein Theoretiker des Absolutismus. Nur die Etablierung eines Souveräns, der über alle Gewaltmittel verfügt, kann den permanenten Kriegszustand der Natur (mangels natürlicher Herrschaft) beenden. Aber dann, nach der Etablierung dieser Zentralgewalt, werden die Gesellschaft, der Handel und die Kultur aufblühen.[82] Von Bildung ist dabei nicht die Rede. Die Bedrohung des zivilen Friedens geht von den kirchlichen Autoritäten aus, wie Hobbes es über 30 Jahre lang mit den europäischen Konfessionskriegen 1618–1648 schmerzhaft erlebt hat. Die zivile Ordnung, gestiftet durch ein staatliches Gewaltmonopol, und die unumschränkte und ungeteilte Herrschaft einer zentralen Instanz wahren den inneren Frieden, in dem das Religiöse domestiziert und die Bürgerschaft entpolitisiert wird. Die Emanzipation des Absolutismus ist in Theorie und Praxis paradox: Die zentralisierte Herrschaft ersetzt die kleinteilige, lokale, oft von Willkür geprägte fürstliche Gewalt. Die vielstufige Abhängigkeit, Solidarität und Unterordnung des traditionellen Ständestaates löst sich auf, und damit auch lokale Solidaritätsstrukturen, wie Alexis de Tocqueville es eindrücklich beschrieben hat.[83] Die staatliche Herrschaft wird bürokratisiert und rationalisiert. Die öffentliche Infrastruktur, Straßen, Plätze

---

82  Vgl. Thomas Hobbes, *Leviathan* (1651).

83  Vgl. Alexis de Tocqueville, *L'ancien régime et la révolution* (1856).

und Städte werden ausgebaut, die Wissenschafts-, Kultur- und Handelsbeziehungen europaweit intensiviert. Investitionen in Wissenschaft und Bildung zum allgemeinen Nutzen, wie ihn der Staat definiert, erhalten nun einen hohen Stellenwert. Diese Investitionen sollen staatlichen Interessen dienen, zugleich aber befördern sie die Emanzipation des Bürgertums und bereiten insofern das Ende absolutistischer Herrschaft vor.

Während Thomas Hobbes vom Eigeninteresse der Menschen ausgeht und Freiheit als das Recht versteht, diesem Eigeninteresse gemäß zu handeln, postuliert John Locke individuelle Rechte, die jedem Menschen mit seiner Geburt zu eigen sind und die der Rechtsstaat garantieren soll. Die staatliche Ordnung muss sich an den Menschenrechten messen lassen. Es ist nicht der Souverän, der die Regeln der Gerechtigkeit erst durch Gesetzgebung etabliert, wie bei Thomas Hobbes, sondern es ist der Rechtsstaat, der sich aus den Menschenrechten rechtfertigt. Das, was Thomas Hobbes aus Sorge um den Bürgerkrieg ausschließen wollte, ist nun Bestandteil der Idee des Rechtsstaates geworden, nämlich die Kritik staatlicher Gesetze. Das Recht auf Leben, das Recht auf körperliche Unversehrtheit und das Recht auf (rechtmäßig erworbenes) Eigentum sollen gesichert werden und damit die individuelle Verfolgung eigener Interessen gesetzlich garantiert sein. Manche charakterisieren John Locke deshalb als Ideologen des Besitzbürgertums. Von Bildung ist hier direkt jedenfalls keine Rede. Tatsächlich aber ist dieses epochale Programm, die staatliche Ordnung und Gewalt an der Realisierung der Menschenrechte zu messen, ohne die Idee allgemeiner menschlicher Bildung nicht realisierbar. John Locke vertraut auf die vernünftige Menschennatur, auf eine angeborene Neigung respektvollen Umgangs und wechselseitige Anerkennung von Individualrechten. Es liegt auf der Hand, dass diese unverzichtbaren menschlichen Eigenschaften ohne ein kulturelles Fundament, das durch individuelle und kollektive Bildungsanstrengungen etabliert und fortentwickelt wird, undenkbar sind. Die vernünftige Menschennatur hat sowohl genetische wie kulturelle Voraussetzungen.

Der Optimismus liberalen politischen Denkens ist ohne Bildungsidee und Bildungspraxis haltlos. Wer praktische Vernunft auf die rationale Verfolgung des jeweiligen Eigeninteresses verkürzt, zerstört die Bedingungen einer liberalen, die Menschenrechte achtenden Gesellschaft. Diese Ambivalenz des Liberalismus ist schon bei dem Klassiker John Locke angelegt. Diese so mächtige ideologische, politische und kulturelle Kraft, die seit dem 18. Jahrhundert zunächst die fortgeschrittenen europäischen Gesellschaften und dann die ganze Welt verändert hat, speist sich aus mehreren Quellen: (1) *der Vernunftfähigkeit des Menschen,* (2) *der Wahrung der Menschenrechte und* (3) *dem Eigeninteresse,* integriert in der eigenverantwortlichen und sozialverantwortlichen entwickelten moralischen Persönlichkeit. Ein Liberalismus, dessen Protagonisten lediglich von ihrem Eigeninteresse geleitet sind, schrumpft zum Marktradikalismus, zu dem, was heute oft missverständlich als Neoliberalismus bezeichnet wird. Eine Weltanschauung, eine politische und ökonomische Praxis, die im Namen der Freiheit die Bedingungen der Freiheit zerstört. Aus der Emanzipationsbewegung des Bürgertums wird eine Instrumentalisierung aller Lebensverhältnisse zu ökonomischen Zwecken. Aus einer liberalen Ordnung, gegründet auf Menschenrechten, wechselseitigem Respekt, kultureller Vielfalt und Selbstbestimmung der Bürgerschaft, wird die atomisierte Interaktion von Konsumenten und Produzenten. Am Ende zerstört ein entfesselter Markt die Bedingungen seines Erfolges.[84]

Emanzipation hat eine politische und eine persönliche Dimension. Das Ergebnis politischer Emanzipation ist kollektive Selbstbestimmung. Das Ergebnis persönlicher Emanzipation ist individuelle Selbstbestimmung. Das menschliche Zusammenleben verlangt nach einer normativen Ordnung. Diese Ordnung ist also gestiftet durch Normen, die das Verhalten der Mitglieder der jeweiligen Gemeinschaft regeln. Regeln sind normativ, wenn sie als Gebote interpretiert werden, nicht lediglich als Verhaltensregularitäten. Kollektive Selbstbestimmung als Ergebnis politischer Emanzipation äußert sich darin, dass diese Normen von der politischen Gemeinschaft als Ganzer, der Bürgerschaft, etabliert und verantwortet werden.[85]

Persönliche Emanzipation mündet in individuelle

---

84 Vgl. JNR, *Die Optimierungsfalle. Philosophie einer humanen Ökonomie*, München (2011).

85 Vgl. Martha C. Nussbaum, *Education for Profit, Education for Freedom*, Jerusalem (2006).

Selbstbestimmung. Individuelle Selbstbestimmung äußert sich in der Autorschaft des eigenen Lebens. Eine selbstbestimmte Person interpretiert sich (und wird interpretiert) als Autorin ihres Lebens. Sie weiß, dass diese Autorschaft eine bedingte ist, dass sie innerhalb der genetischen, der ökologischen, der kulturellen, sozialen und wirtschaftlichen, kurz, innerhalb der vielfältigen Situiertheiten des individuellen Lebens ihre Freiheit realisiert. Autorschaft ist immer eine bedingte, keine absolute. Autorschaft ist zudem etwas Graduelles. Es gibt ein Mehr oder Weniger hinsichtlich der Wirksamkeit wohlbedachter eigener Intensionen. Mit der Kohärenz eigener Handlungsgründe nimmt diese Wirksamkeit zu und die Abhängigkeit von Bedingtheiten ab. Als Wesen, die sich von Gründen leiten lassen, sind wir frei, wie wir in III. 2 erörtert haben. Aber diese Gründe schaffen keine neue Welt, sondern modifizieren das Vorgefundene.

Politische und persönliche Selbstbestimmung haben eine gemeinsame Wurzel in der Fähigkeit des Menschen, sich zu bilden. Es ist kein Zufall, dass sowohl der Klassiker der politischen Selbstbestimmung, Jean-Jacques Rousseau, als auch der Klassiker der persönlichen Selbstbestimmung, Immanuel Kant, einen so großen Wert auf die Bildungsfähigkeit des Menschen legen. Für Jean-Jacques Rousseau ist der Übergang vom *bourgeois*, der ausschließlich seine eigenen Interessen verfolgt, zum *citoyen*, der als Mitglied der Versammlung die Gesetze gibt, ein Übergang zur sittlichen Lebensform. Der *citoyen* gibt sein Eigeninteresse nicht auf, sondern als *citoyen* sucht er nach Gründen und Gegengründen für Gesetzesprojekte, die dem Gemeinwohl dienen. Die Rousseau'sche Republik ist nichts anderes als eine Form kollektiver Selbstbestimmung, sie verlangt nach Persönlichkeiten, die die Egozentrik der Unreife überwunden haben und in der Lage sind, einen politischen, einen am Wohl der Bürgerschaft orientierten Standpunkt einzunehmen. Der Modus, in der dieser Standpunkt wirksam wird, ist der des Austausches von Gründen für und wider das eine oder das andere Element gesetzesförmiger Ordnung.

Für Immanuel Kant ist persönliche Selbstbestimmung die Fähigkeit, aus selbst gesetzten Regeln heraus zu handeln und als Vernunftwesen darauf zu achten, dass diese Regeln verallgemeinerbar sind, dass die jeweilige Maxime meines Handelns als allgemeine Handlungsregel taugen würde. Freiheit besteht gerade nicht darin, jeweils den eigenen Neigungen zu folgen, sondern in der Emanzipation von naturgegebenen, heteronomen Bestimmungen menschlicher Praxis. Der Mensch ist frei, sofern er autonom und nicht heteronom handelt, sofern er nach Maximen handelt, die als allgemeines Handlungsprinzip taugen, also dem Kategorischen Imperativ entsprechen und nicht den jeweiligen Neigungen des Augenblicks. Dass diese Dichotomie, dieser Dualismus zwischen Natur und Vernunft, zwischen heteronom und autonom, zwischen Neigungen und Prinzipien problematisch ist, wurde im vorausgegangenen Kapitel dargelegt. Aber dass die persönliche Emanzipation die Bildung einer Persönlichkeit voraussetzt, die nicht Getriebene ihrer jeweiligen Augenblicksneigungen ist, und dass diese Fähigkeit eine wesentliche Bedingung menschlicher Freiheit ist, kann kaum bestritten werden. Die humanistische Idee einer freien Persönlichkeit, emanzipiert von klerikalen und fürstlichen Autoritäten, frei im Urteil und frei in der Entscheidung, eingebettet nur dort, wo sie die Bedingungen dieser Einbettung selbst bestimmen kann, politisch und persönlich emanzipiert, ist in der Kantischen Idee der autonomen Persönlichkeit besser aufgehoben als in der instrumentellen Rationalität der zeitgenössischen Ökonomie.

## 2. Inklusion

Die europäische Bildungsphilosophie beginnt mit einem Entwurf, der universalistisch, aber nicht inklusiv ist. Platon hebt die etablierte Differenz der Geschlechter, die Unterordnung der Frauen in der klassischen griechischen Stadtgesellschaft auf und zu diesem Zwecke ist er bereit, auch die Erziehung der Kinder ganz in staatliche Hände zu geben (jedenfalls für die sogenannten *Wächter* und die aus diesen hervorgehenden Philosophen), er konzipiert einen Bildungsstaat, der seine Angebote an alle richtet, zugleich aber ist er davon überzeugt, dass nur ganz wenige zu philosophischer Erkenntnis fähig sind. Das Bildungsangebot ist zwar universell, aber es differenziert aus, es teilt die Stadtgesellschaft ein in diejenigen, die zur Führung der Staatsgeschäfte geeignet, diejenigen, die dabei unterstützend tätig sein können, und die große Mehrzahl derjenigen, die von den Staatsangelegenheiten, den politischen Entscheidungen, einschließlich den Gerichtsentscheidungen, die von Wissenschaft und Staatsaufgaben fernzuhalten sind. Für Platon ergibt sich daraus die Schwierigkeit, wie zu erreichen ist, dass die große Mehrzahl der Ungebildeten doch hinreichend einsichtig ist, um sich den Entscheidungen der Wissenden zu fügen. Er vertraut am Ende der *sōphrosynē*, der Besonnenheit, die die Grenzen des eigenen Wissens und der eigenen Fähigkeiten kennt und nicht aus Unwissenheit gegen gerechte Entscheidungen aufbegehrt. Das Schicksal des Sokrates, den eine athenische Gerichtsverhandlung zum Tode verurteilt, macht aber offenkundig, dass die Harmonie der Stadt, die Einsicht in eine gerechte Ordnung und die damit einhergehende Unterordnung unter wissenschaftlich begründete Entscheidungen alles andere als eine Selbstverständlichkeit ist. Man kann es zuspitzen: Die europäische Bildungsgeschichte beginnt mit einem philosophischen Entwurf, der universell, aber exklusiv ist. Er teilt die Menschen ein – in der Sprache Platons – in solche aus Eisen, aus Silber und aus Gold. Das Bildungssystem soll selektieren, es soll feststellen, welche aus Eisen, welche aus Silber und welche aus Gold sind. Das »bedarfsgerechte« mehrgliedrige Schulwesen kaschiert nur mühsam diese bildungsphilosophischen Ursprünge.[86]

An dieser Problematik der mangelnden Inklusion scheiterten die liberalen Reformideen des 18. und

---

86 Vgl. Platon, *Politeia.*

19. Jahrhunderts. Die Postulate von Freiheit und Gleichheit ließen sich jenseits ihrer anthropologischen Bedeutung nicht in eine konkrete Lebensform überführen. Auch wenn der Markt ein machtvolles Instrument war, um überkommene feudale und zünftische Ordnungen zu sprengen, so stellte er sich doch rasch als völlig ungeeignet heraus, um Chancengleichheit und Teilhabe zu garantieren. Genau hier liegt die Sollbruchstelle von Liberalismus und Sozialismus im 19. Jahrhundert. Die Anthropologie, Ethik und politische Theorie, die auf den beiden Postulaten der Freiheit und Gleichheit beruhten, ließen sich nicht allein dadurch erreichen, dass klerikale und feudale Herrschaft beendet und die ökonomischen Kräfte des Marktes freigesetzt wurden. Es ist kein Zufall, dass die sozialdemokratische Bewegung aus den liberalen Bildungsvereinen Mitte des 19. Jahrhunderts hervorging. Die selbstbewusstesten Teile der sich formierenden Arbeiterschaft wollten über Bildungsanstrengungen politische Teilhabe und soziale Inklusion erreichen. Die bewunderte Führungspersönlichkeit dieser sozialdemokratischen Formierungsphase war Ferdinand Lassalle, ein hoch gebildeter Philosoph, der sich in der Nachfolge Immanuel Kants sah. An den Universitäten entstand das, was Kritiker als Katheder-Sozialismus bezeichneten. Führende Köpfe des Neukantianismus nahmen den Staat in die Pflicht, um die realen Bedingungen gleicher Freiheit zu realisieren. Die Bildungstheorie Wilhelm von Humboldts kann man als Synthese aus Liberalismus und Sozialismus interpretieren: Der liberale Sprach-, Kultur- und Sozialphilosoph Wilhelm von Humboldt betonte ei-

nerseits die Grenzen des Staates und nahm ihn doch sogar in ganzem Umfang in die Pflicht. Der Staat sollte für die allgemeine Bildung von den Volksschulen bis zu den Universitäten die notwendigen Mittel bereitstellen, aber sich zugleich inhaltlich und organisatorisch abstinent verhalten.[87] Es gehört zu den politischen Wundertaten, dass diese schier unvereinbaren Postulate zur Leitschnur der größten Bildungsreform in Deutschland wurden, die, wenn auch nur partiell verwirklicht, am Ende doch für mehrere Jahrzehnte, im Grunde bis zu Beginn des Ersten Weltkriegs Deutschland zur führenden Bildungsnation der Welt machte. Wilhelm von Humboldt hatte ein Angebot allgemeiner Bildung für alle Volksschichten gleichermaßen vorgesehen, aber spätestens die Karlsbader Beschlüsse machten klar, dass der preußische Staat dazu nicht bereit war. 200 Jahre später muss man feststellen: Dieses zentrale Ziel humanistischer Bildungsphilosophie und erst recht des US-amerikanischen Pragmatismus wurde weder in den USA noch in Europa erreicht. Deutschland hat dabei sogar eine besonders schlechte Bilanz. Hier hängt unterdessen der Bildungserfolg stärker als in den meisten anderen OECD-Ländern von der sozialen Herkunft ab.[88] Noch in den 1960er und 1970er Jahren war dies gerade umgekehrt. Überraschenderweise gilt dies auch für die USA. Eine genauere Analyse zeigt

---

87 Vgl. Wilhelm von Humboldt, *Über die innere und äußere Organisation der höheren wissenschaftlichen Anstalten in Berlin* (1810).

88 Vgl. OECD, *Bildung auf einen Blick 2012. OECD-Indikatoren*, Paris (2012).

dabei für Deutschland und für die USA, dass es nicht so sehr die individuelle soziale Herkunft ist, sondern die kollektive. Der Erfolg schwankt weniger in Abhängigkeit von der individuellen sozialen Herkunft als von der Schule und der sozialen Zusammensetzung der Schülerschaft. Dies hat in den USA zu der hoch umstrittenen Maßnahme des *bussing*[89] geführt, die unterdessen eingestellt worden ist.

Daraus ziehe ich folgende Schlussfolgerung: Inklusion durch Bildungsanstrengungen ist nicht allein durch eine entsprechende Ausgestaltung der Bildungseinrichtungen zu erreichen. Eine sozial desintegrierte Gesellschaft kann durch Bildung allein nicht reintegriert werden. Wenn eine Stadtgesellschaft in soziale und ethnische Partialkulturen, nach Wohnort gegliedert, zerfällt, dann kann das Bildungssystem diese Form der Desintegration nicht mehr hinreichend korrigieren. Der Bildungserfolg von Kindern hängt nicht so sehr davon ab, welcher Schulstoff von welchen Lehrern vermittelt wird, sondern in welchem Umfeld sie sich bewegen, mit welchen Kindern sie Kontakt haben, welche Anregungen sie auch außerhalb des Unterrichts erfahren. Kinder aus ihrem jeweiligen Wohnumfeld herauszureißen und in eine Schule aus einem anderen Wohnumfeld zu verfrachten, kann nicht die Lösung sein, um die soziale Desintegration im Bildungssystem auszugleichen. Bil-

---

89 D. h. die Verteilung der Schüler mit Bussen in Schulen aus unterschiedlichen Stadtvierteln, um Segregation und Benachteiligung zu vermeiden.

dungspolitik ist mit Wirtschaft- und Sozialpolitik eng verflochten.

Vor vielen Jahren hat sich der südamerikanische Befreiungstheologe Ivan Illich gegen die Verschulung der Gesellschaft ausgesprochen, wobei er Regionen wie Südamerika, Afrika oder auch Indien im Blick hatte. Die leitende These seines Buches war, dass die Etablierung eines Schulsystems mit den üblichen Selektionsverfahren nichts anderes ist als die nachträgliche Legitimierung einer schon bestehenden Klassenstruktur. Das dort vermittelte Wissen ist zudem meist umso weiter von der Lebenswelt der Kinder und Jugendlichen entfernt, je niedriger der soziale Status der Herkunftsfamilien ist. Sie sind also mit einer fremden Kultur konfrontiert, die sie sich bald schwerer aneignen können als die Kinder und Jugendlichen der Oberschicht, zudem verlangen die familiären Mitwirkungspflichten in den ländlichen Regionen den Kindern so viel ab, dass sie so gut wie zwangsläufig in der Schule scheitern müssen. Dieses Scheitern ist für ihre spätere Biographie wenig bedeutsam, da das dort vermittelte Wissen für ihre Alltagspraxis weitgehend irrelevant ist. Ihr sozialer Status kann aber nun interpretiert werden als Ausdruck eines Versagens im Bildungssystem.[90]

Diese scharfsinnige Analyse darf nicht zu der Schlussfolgerung führen, dass alle Bildungsanstrengung vergeblich ist, ja – schlimmer – dass Bildungsanstrengungen

---

90  Vgl. Ivan Illich, *Deschooling Society*, New York (1971).

die Klassenstrukturen nur verfestigen und ihnen den Anschein der Legitimation verleihen. Aber wir sollten die Herausforderung, die diese Analyse beinhaltet, ernst nehmen. Ein Bildungssystem, das in erster Linie selektiert und nicht bildet, das nicht der Vielfalt von Lebensformen und soziokulturellen Herkünften gerecht wird, leistet keinen Beitrag zur Humanisierung der Gesellschaft, es stärkt nicht, sondern schwächt die kindliche und jugendliche Persönlichkeit und liefert am Ende eine Pseudolegitimierung sozialer Desintegration und ökonomischer Ungerechtigkeit.

Die ursprünglich liberale Idee gleicher Freiheit, gleichen Respekts und gleicher Autonomie lässt sich nur als zivilgesellschaftliches und politisches Gesamtprojekt verfolgen. Eine gute allgemeine und gleiche Bildung ist Bedingung gleicher Freiheit und gleicher Autonomie, aber diese lässt sich durch Bildungsangebote allein nicht realisieren. Es stimmt, Bildungspolitik ist vorbeugende Sozialpolitik, wie es das Hamburger Programm der SPD von 2007 formuliert hat, aber ohne ausgleichende Sozial- und Stadtplanungspolitik ist die Bildungspolitik auf sich gestellt, machtlos. Die US-amerikanische Situation mit hohen staatlichen und privaten Investitionen in Bildung, bei hoher Selektivität und insgesamt schlechtem Bildungserfolg – noch deutlich hinter demjenigen von Deutschland –, ist dafür das prominenteste Beispiel. Der Sozialstaat ist in den USA sehr schwach entwickelt und Stadtplanungspolitik wird nicht mit dem Ziel sozialer Durchmischung und soziokultureller Integration betrieben.

Bildung leistet nur dann einen Beitrag zur Humanisierung der Gesellschaft, wenn sie von Respekt gegenüber unterschiedlichen Lebensformen, Kulturen, sozialen und geographischen Herkünften geprägt ist. Humane Bildung verzichtet auf Selektion. Ich weiß, dass ich hiermit einen radikalen Standpunkt vertrete, umso wichtiger ist es, ihn eingehender zu erläutern. Meine These ist, dass Bildungseinrichtungen ungeeignet sind, um berufliche und ökonomische Erfolgschancen zu verteilen. Bildung dient der Entwicklung der Persönlichkeit, soll die Bedingungen für eine autonome Lebensgestaltung bereitstellen und sich nicht auf einen Wettlauf um die besten Startplätze im Rennen um den beruflichen und ökonomischen Erfolg einlassen. Die beiden Hauptströmungen, die konservativ und die progressiv ausgerichtete Bildungspolitik, wie sie sich heute darstellen, sind mit dieser Auffassung nicht in Einklang zu bringen. Die konservative Strömung hat mit den traditionellen Unterschieden zwischen bildungsnah und bildungsfern, zwischen reich und arm kein Problem. Entsprechend ist sie mit einem Bildungssystem einverstanden, dass diese Strukturen eher zementiert als aufbricht. Das starre Festhalten von Seiten konservativer Politiker am mehrgliedrigen Schulsystem und an der frühen Selektion dokumentiert diese Haltung eindrücklich, wie auch immer sie mit Thesen von der Bedarfsgerechtigkeit kaschiert wird. Der progressiven Strömung geht es um die Herstellung gleicher Bildungschancen, gleicher Chancen des beruflichen Erfolgs. Zu diesem Zweck soll ein möglichst hoher Anteil eines Jahrgangs möglichst hohe

Abschlüsse erreichen. Die dadurch hervorgerufene Nivellierung wird wiederum durch zusätzliche Angebote ausgeglichen und das heißt mit einer schleichenden und unbeabsichtigten Entwertung von Bildungsabschlüssen erkauft. Wenn 60 Prozent eines Jahrgangs einer Schule die Hochschulreife erreichen, ist zu erwarten, dass die Hochschulreife selbst zur Bedingung wird, um bestimmte Lehrberufe ergreifen zu können. Wenn zehnmal so viele Architektur studieren, wie am Ende als Architekten tätig sein können, dann haben am Ende nur diejenigen Chancen, ihren erlernten Beruf zu ergreifen, die über Zusatzqualifikationen verfügen, die über das bloße Absolvieren des Architekturstudiums hinausgehen, während die anderen sich mit Tätigkeiten begnügen müssen, die früher den technischen Zeichnern vorbehalten waren. Wenn 50 Prozent eines Jahrgangs studieren, dann werden zusätzliche Studienangebote etabliert, die dafür sorgen, dass nur diejenigen, die diese absolvieren, auch verantwortliche Positionen in den Unternehmen erreichen können. Beide Hauptströmungen der aktuellen Bildungsdebatte haben sich zumindest implizit damit abgefunden, dass das Bildungssystem selektiert, dass es Chancen verteilt.

Werfen wir zunächst einen Blick darauf, wie das funktioniert, wie das Bildungssystem als Chancenverteilungsmechanismus wirkt. Wichtig ist zunächst, dass es eine Stufung gibt, also höhere, mittlere und niedrige Abschlüsse. Wer erfolgreich ist, bleibt länger im Bildungssystem, wer weniger erfolgreich ist, scheidet früher aus. Eigentlich müsste alleine dieses Phänomen für uns

Grund sein, sich zu wundern. Warum verlassen diejenigen das Bildungssystem rascher, die mehr Probleme haben, sich Bildung anzueignen? Müsste es nicht eher umgekehrt sein? Nun, in der Tat, es gibt ein Korrektiv, das ist die besonders in Deutschland verbreitete Methode des Sitzenbleibens, aber alle Bildungsforscher sind sich darin einig, dass dieses Instrument ineffektiv und im Wortsinne degradierend ist. Wenn wir also einmal von diesem Sonderphänomen absehen, dann bleiben diejenigen dem Bildungssystem länger erhalten, die darin erfolgreicher sind. Zugleich gibt es einen engen Zusammenhang zwischen dem Status des Abschlusses und den Jahren, die man aufbringen muss, um diesen Abschluss zu erreichen. In deutschen Bundesländern mit dreigliedrigem Schulsystem (streng genommen handelt es sich um ein mehrgliedriges mit mindestens vier oder fünf Gliedern) findet der wichtigste Schritt der Selektion im Alter von neun oder zehn Jahren statt. Dort, wo der Übertritt aufs Gymnasium allein vom Notendurchschnitt in drei Fächern abhängt, findet so etwas statt wie ein Grundschulabitur, das den Bildungsfortschritt frühzeitig instrumentalisiert und ein *learning to the test* antrainiert. Es geht dann nicht so sehr um Bildungsfortschritte als solche, sondern lediglich um das Erreichen eines bestimmten Notendurchschnitts. Da die Entwicklungsgeschwindigkeit von Kindern ganz unterschiedlich ist und viele in diesem frühen Alter noch zu kindlich sind, um Stresssituationen auszuhalten und das Spielbedürfnis zugunsten von Prüfungsvorbereitungen zurückzustellen, ist diese Form der Selektion nicht nur inhuman, sondern auch dysfunktional, sie ist kein guter Indikator für die jeweils individuellen Bildungspotenziale der Kinder. Um diese unerwünschten Effekte zu vermeiden, sind die meisten Länder der Welt zu Systemen übergegangen, die eine längere Zeit gemeinsamen Lernens vorsehen, bis hin zu Gesamtschulsystemen, die den gemeinsamen Unterricht über zwölf Jahre vorsehen, wie die USA.

Zwischen diesen beiden Modellen, wobei das erstgenannte mehrgliedrige international gesehen nur eine winzige Minderheit der Schülerschaft als Ganze umfasst, ist erbittert und ideologisch gestritten worden. Die empirischen Befunde dagegen sind uneindeutig. Das hängt vor allem damit zusammen, dass das mit längerem gemeinsamen Lernen angestrebte Ziel, eine frühe Selektion und eine falsche Instrumentalisierung des Unterrichts zu vermeiden, deswegen nicht erreicht wird, weil die Selektionsprozesse lediglich verlagert werden. Während die Verlagerung auf einen späteren Zeitpunkt zweifellos einen Fortschritt darstellt, ist die, besonders in den angelsächsischen Ländern (USA, Großbritannien, Irland, Australien, aber auch in Ländern wie Indien, der Türkei, Brasilien und Südafrika), Spaltung in öffentliche und private Schulen nichts anderes als ein weiteres und besonders problematisches Instrument der Selektion. Hier wird dann nicht so sehr nach Schulleistungen selektiert, sondern nach dem Geldbeutel der Eltern und dem sozialen Status. Es kommt dann nicht mehr darauf an, wie lange man an bestimmten Bildungseinrichtungen gelernt hat, sondern an welchen. Selbst in Deutschland mit seiner großen Tradition staatlicher Schulen setzen sich Familien, die es sich leisten können, »nach oben« in ähnlicher Weise ab wie Schulverweigerer aus einkommensschwachen und Migrantenfamilien nach »unten«. Die einen fragen sich, ob man es denn überhaupt noch verantworten könne, seine Kinder auf staatliche Schulen zu schicken, und die anderen haben den Eindruck, dass sie eigentlich nicht dazugehören oder gar unerwünscht seien. Beide Verhaltensweisen sollte man als Formen der Desintegration verstehen. Dass in beiden Fällen häufig auch Selbstbetrug im Spiel ist, dass man nicht unerwünscht, sondern lediglich unwillig ist, dass die Eltern nicht ernsthaft meinen, dass das staatliche Angebot nicht gut genug ist, sondern dass kaschiert werden soll, dass der eigene Filius den Leistungsanforderungen des öffentlichen Gymnasiums nicht entspricht, aber natürlich erwartet wird, dass er zur Hochschulreife geführt wird, und daher besser in der Rundumversorgung eines kostspieligen, möglichst ausländischen Internats untergebracht ist, ändert den Befund nur unwesentlich. Auch das sozialdemokratische Programm »Aufstieg durch Bildung«, das über zwei Jahrzehnte in Deutschland recht erfolgreich war (in den 1960er und 1970er Jahren), folgt der Logik der Selektion: Wer im Bildungssystem weiterkommt, kann eine höhere Bezahlung und einen besseren sozioökonomischen Status erwarten, von daher kann man den Aufstieg über Bildungsanstrengungen organisieren. Um dieses Denken in Selektions- und Aufstiegskategorien aufzubrechen, müssten wir das ganze System der Leistungsbeurteilung, Entlohnung und Wertschätzung in Frage stellen. Dies gelingt leichter, wenn wir uns die Willkürlichkeit und die historische Bedingtheit vor Augen führen.

Entfernen wir uns zu diesem Zweck einmal erneut 2500 Jahre von unserer heutigen Zeit. Aristoteles erörtert in der *Nikomachischen Ethik* die beiden guten Lebensformen, die des theoretischen und die des praktischen Lebens. Beide sind dadurch charakterisiert, dass sie voraussetzen, dass eine Berufstätigkeit zum Gelderwerb unnötig ist. Aristoteles schreibt sogar ausdrücklich, dass es wünschenswert sei, dass man hinreichend viel geerbt habe, um sich frei zwischen diesen beiden Lebensformen entscheiden zu können. Reichtum ist in seiner Werteordnung nicht hoch angesehen, obwohl er selbst von Philosophen seiner Zeit dafür kritisiert wurde, dass er ein durchaus wohlhabendes Leben führte. Aber Aristoteles bringt wohl nur eine verbreitete Meinung der kulturellen Eliten Athens zum Ausdruck, wenn er den kaufmännischen Beruf verachtet. Reichtum um seiner selbst willen zu erstreben, ist Ausdruck eines ungebildeten Charakters und falscher Bewertungen. Dass das Arbeitsethos jedoch nicht eine Erfindung des europäischen Protestantismus ist, erkennt man an der hohen Produktivität antiker Intellektueller. Der Umfang der überlieferten platonischen oder aristotelischen Schriften übersteigt bei Weitem die durchschnittliche Produktivität heutiger Geisteswissenschaftler. Ein solches Werk zu verfassen, verlangt Disziplin und Arbeitseifer. An beidem hat es offenkundig nicht gefehlt. Aber die Motivation war weder Gottgefälligkeit noch das Abbüßen von Sünden, noch der Gelderwerb. Reichtum und Ehre waren jedenfalls weitgehend entkoppelt. Die Vorstellung, dass über die Höhe der Entlohnung Leistungen anerkannt werden, war dieser Kultur, jedenfalls dieser Teilkultur, fremd. Ziel der Praxis sei vielmehr die Ehre, der *timē* (gr.:τιμή), führt Aristoteles in der *Nikomachischen Ethik* aus, um aber hinzuzufügen, dass es letztlich nicht um Ehre im Sinne von Anerkennung durch andere gehen müsse, sondern um eine Praxis, die selbst ehrenvoll ist. Die Anerkennung durch andere ist nicht das direkte Ziel, sondern allenfalls Indiz für eine gelungene Praxis als Bürger der Polis. Nicht nur Platon, sondern auch Aristoteles ist offenkundig überzeugt, dass Gründe etwas Objektives sind, auch wenn er diese Überzeugung nicht, wie Platon, mit der Ideenlehre metaphysisch überhöht. Für beide gilt jedenfalls, dass die Frage, ob ein Leben gelungen ist, ob es sich um eine gute Lebensform handelt, weder vom materiellen Ertrag noch von der Zustimmung anderer, auch nicht vom subjektiven Gefühl der Zufriedenheit abhängt. Bei Platon ist es die Harmonie der Seele, das, was die Gerechtigkeit der Einzelperson ausmacht, die strukturgleich ist mit der Gerechtigkeit der Stadtgesellschaft als Ganzer. Für Aristoteles ist es die volle Entwicklung der individuellen und der allgemein menschlichen Fähigkeiten (Tugenden), was ein gelungenes Leben charakterisiert.

Diese philosophischen Überlegungen wurden vor einer langen Zeit in einer ganz anderen Kultur angestellt. Ich erinnere hier an sie nicht deswegen, weil ich etwa meinte, die Bedingungen humaner Bildung seien in

Annäherung an das Polis-Ideal der griechischen Klassik wiederherzustellen. Nein, wir leben in einer modernen Gesellschaft und es gibt kein Zurück, das in vielerlei Hinsicht auch keineswegs wünschenswert wäre. Aber die historische Distanz hilft, unsere aktuelle Praxis und unsere selbstverständlich gewordenen Wertungen zu überdenken. Was spricht eigentlich dafür, das Bildungswesen als Instrument der Chancenverteilung zu missbrauchen, wenn die Kriterien, nach denen die Konkurrenz und die besten Plätze organisiert sind, einer kritischen Prüfung gar nicht standhalten? Dies macht in meinen Augen den Kern des aktuellen Unbehagens an der empfundenen Ökonomisierung unserer Bildungseinrichtungen aus. Der Einfluss ökonomischer Interessen auf unsere Schulen und Hochschulen in Deutschland ist nach wie vor vergleichsweise gering. Es ist die Sortierung, die über Startbedingungen auf ökonomischen Märkten entscheidet, die dieses Unbehagen hervorbringt. Soweit ich sehe, gibt es keine relevante bildungspolitische Kraft, die sich dem gegenwärtig konsequent entgegenstellt. Dies liegt nicht an mangelndem Willen, sondern nach meiner Einschätzung am Fehlen einer kulturellen Leitidee, die die Sortierungs- und Selektionsfunktion von Bildungseinrichtungen unnötig macht.

Wir sind gegenwärtig geradezu atemlos dabei, unsere Bildungseinrichtungen umzubauen, um sie vermeintlichen internationalen Standards anzupassen. Dabei drohen wir ihre Stärken zu zerstören und Chimären nachzueifern. Diese gegenwärtig zu beobachtende Atemlosigkeit, die hektische Betriebsamkeit, vermeintlich große Reformschritte in mühsame Detailarbeit umzusetzen, verhindert einen hinreichend grundsätzlichen, um nicht zu sagen philosophischen Bildungsdiskurs. Dem möchte ich ein wenig bildungspolitische Utopie entgegenstellen.

Beginnen wir damit, die traditionelle Hierarchie der Berufe in Frage zu stellen. Die Besoldungsordnung im öffentlichen Dienst kann man auch als Karikatur dieser Hierarchie lesen. In kleinteiligen Differenzierungsschritten werden Qualifikationen gewichtet und entsprechend in Besoldungsansprüche überführt. Das Ganze ist mit einer Alterskomponente und einem Zulagensystem versehen, was man auch als eine ungewöhnliche Anerkennung der antiken und mittelalterlichen Verehrung des Alters interpretieren könnte. Niemand wird ernsthaft annehmen, dass mit zunehmendem Alter die Leistung alle zwei Jahre zunimmt und entsprechend höher besoldet werden muss. Aber dieses fast schon wieder sympathische, weil keineswegs ökonomiekonforme Relikt interessiert uns hier weniger. Mich interessiert die generelle Hierarchie der Tätigkeiten.

Niemand kann ernsthaft annehmen, dass die Tätigkeit eines Altenpflegers in einer städtischen Einrichtung mit begrenzten finanziellen und personellen Ressourcen leicht ist. Entsprechend hört man nun überall die Klagen, dass es zu wenig Interessenten für Pflegeberufe gäbe. Zugleich scheint es ganz selbstverständlich zu sein, dass die Altenpflegerinnen äußerst bescheiden entlohnt werden. Wenn ein Gut knapp ist, dann erhöht sich auf ökonomischen Märkten sein Preis. Warum er-

höht sich der Wert der Ware Arbeitskraft in den Pflege-
berufen nicht? Weil er in der Hierarchie der Berufe in
unserer Kultur niedrig angesiedelt ist. Aber wie kommen
wir dazu, diese Berufstätigkeit, die sowohl psychisch wie
physisch derart anspruchsvoll ist und die in einer altern-
den Gesellschaft eine so zentrale Rolle für das allgemeine Wohl spielt, so niedrig einzuschätzen?

Ganz Ähnliches gilt im Bereich der Kindertagesstätten. Auch dort wird über einen Mangel an Kräften ge-
klagt, aber die Bezahlung ist vergleichsweise niedrig.
Hier ist die öffentliche Sensibilität schon höher und deswegen hat nun eine Debatte begonnen, ob nicht eine
generelle Akademisierung der Tätigkeiten in Kindertagesstätten erforderlich sei. Dann könne man diese Tätigkeiten auch höher entlohnen. Das ist aber gerade die
verkehrte Reaktion. Statt die Tätigkeit als solche wert-
zuschätzen und entsprechend zu entlohnen, wird sie
als eine akademische umdefiniert, um diese Wertschätzung zu erreichen. Nun mag es sein, dass ein Studium
für Leiterinnen von Kindertagesstätten wünschenswert
ist, aber mir leuchtet es keineswegs ein, dass der Umgang mit Kleinkindern und Kindern zwischen einem
und fünf Jahren ein akademisches Studium erfordert.
Darauf folgt üblicherweise der finale und nun vollends
entlarvende Einwand: Aber wir brauchen doch für die
Betreuung und Bildung unserer Kinder die besten Kräfte.
Damit wird aber zugegeben, dass die besten Kräfte diejenigen sind, die ein Hochschulstudium absolvieren. Mit
anderen Worten, wir bilden am Bedarf der jeweiligen
Tätigkeit vorbei aus, bloß deswegen, weil wir überzeugt

sind, dass das Bildungssystem auf allen Ebenen eine Selektionsmaschine ist, bei der die Besten diejenigen sind, die am längsten dabei bleiben.

Warum ist in unserer Kultur die Tätigkeit eines Elektrotechnikers niedriger bewertet als die eines Germanisten? Ist wirklich gesagt, dass die Tätigkeit eines Elektrotechnikers weniger Qualifikation erfordert als die eines Germanisten? Nun, zweifellos hält sich der ausgebildete Germanist länger im Bildungssystem auf als der Elektrotechniker, wenn man lediglich die Zeit bis zur Gesellenprüfung als Bildungszeit wertet. Aber wäre es nicht viel plausibler, diese beiden Tätigkeiten, die des Elektrotechnikers und die des Germanisten, als unterschiedliche, aber gleichwertige anzusehen? Ist es nicht viel plausibler, anzunehmen, dass diejenigen, die die einen Begabungen und Interessen haben, das eine, zum Beispiel Elektrotechnik, und dass diejenigen, die die anderen Begabungen und Interessen haben, eben das andere tun, zum Beispiel akademische Forschung an der deutschen Sprache betreiben?

Dieses letzte Beispiel unterscheidet sich von den vorausgegangenen in einem interessanten Aspekt: Die Lebensarbeitseinkommen von Elektrotechnikern in Deutschland unterscheiden sich nicht mehr wesentlich von den Lebensarbeitseinkommen eines ausgebildeten Germanisten. Hier hat im Westen Deutschlands in den letzten beiden Dekaden eine Konvergenz stattgefunden, das heißt, die Lebensarbeitseinkommen von Facharbeitern und die Lebensarbeitseinkommen von Akademikern haben sich immer weiter angeglichen – interessanterweise gilt das über alle Fächer und Berufe hinweg.[91] Hier korrigiert der ökonomische Markt eine kulturelle Fehlbewertung. Das Bildungssystem ist hier Träger, es hält an der merkwürdigen Vorstellung fest, dass diejenigen, die sich in den allgemeinbildenden Schulen schwerer tun, für Ausbildungsberufe geeignet sind, während diejenigen, die sich in den allgemeinbildenden Schulen leichter tun, für akademische Berufe geeignet sind. Der Erfolg in allgemeinbildenden Schulen wird damit zum Maßstab der Bewertung beruflicher Tätigkeiten. Die OECD verfestigt gegenwärtig dieses Muster durch fein gestufte, international koordinierte Bildungsabschluss-Rankings.

Eine inklusive Gesellschaft beruht auf einer Kultur der gleichen Anerkennung und dies beinhaltet auch den gleichen Respekt vor unterschiedlichen beruflichen Tätigkeiten. Der Beruf des Altenpflegers ist nicht weniger wertvoll oder weniger fordernd als der des Hochschullehrers. Es sind vermutlich nicht die gleichen Kompetenzen, die den Erfolg in dem einen und den Erfolg in dem anderen Beruf ermöglichen. Aber die Gesellschaft braucht beide Arten von Kompetenzen. Es gibt keinen rationalen Grund, das eine ab- und das andere aufzuwerten, das eine schlecht und das andere gut zu entlohnen. Das Bildungs-

---

91 Vgl. Christiane Mück und Karen Mühlenbein, »Eine Untersuchung der Einkommensentwicklung von Akademikern«, in: *Mythos Markt? Die ökonomische, rechtliche und soziale Gestaltung der Arbeitswelt,* hrsg. von Deutscher Studienpreis, Wiesbaden (2006), S. 109–122.

system kann seine Rolle als Sortiermaschine nur abwerfen, wenn wir uns diese Einsicht konsequent zu eigen machen. In einem ersten Schritt müssen wir uns davon lösen, dass Ausbildungsberufe von geringerem Wert seien als akademische Berufe. Wer sich diese Einsicht zu eigen macht, muss sie allerdings auch konsequent umsetzen, und das heißt, dass die Tatsache, dass Menschen sich dafür entscheiden, einen Ausbildungsberuf zu ergreifen, dann nicht mehr als ein verwehrter Aufstieg oder gar als Versagen im Bildungssystem interpretiert werden darf. An dieser Stelle gibt es einen rationalen Kern der Verteidiger zum Beispiel der bayerischen Hauptschule im Landkreis Miesbach. Wenn 60 Prozent eines Jahrgangs nach Grund- und Hauptschule eine Lehre beginnen, dann ist sichergestellt, dass ein breites Reservoir an Begabungen und Interessen diesen Weg geht. Dies kommt dann der Qualität der daraus hervorgehenden beruflichen Tätigkeiten zugute. Die Personalverantwortlichen in den Unternehmen können dann damit rechnen, dass von denjenigen, die eine Lehre absolvieren, viele dabei sind, die begabt und engagiert sind, um ihre Berufstätigkeit zum Erfolg zu führen. Selbst die Tatsache, dass in solchen Regionen, die auch in Bayern rar geworden sind, viele an der Hauptschule verbleiben, deren Noten einen Übertritt zum Gymnasium ermöglichen würde, sollte dann nicht kritisch kommentiert werden. Warum sollen sich Jugendliche und deren Eltern nicht dafür entscheiden, diesen vertrauten Weg der Berufstätigkeit über eine betriebliche Ausbildung zu gehen, wenn diese Tätigkeit grundsätzlich gleichwertig und oft auch ökonomisch erfolgreicher ist? Selbst die Tatsache, dass solche Entscheidungen oft von dem Wunsch geleitet sind, im vertrauten sozialen und kulturellen Umfeld zu bleiben, sollte nicht Gegenstand der Kritik sein. Es ist Ausdruck akademischer und urbaner Arroganz, jungen Menschen, die sich für einen Ausbildungsberuf und gegen Hochschulreife, Studium und Wechsel in die Stadt entscheiden, um in ihrem vertrauten Umfeld tätig zu sein, vorzuwerfen, dass sie diese Lebensform bevorzugen. Das Problem des dreigliedrigen Schulwesens und das Problem der Hauptschule zumindest in den größeren Städten ist, dass hier mit neun oder zehn Jahren selektiert wird, dass Lebenschancen nach Durchschnittsnoten verteilt werden, es ist nicht das Problem der Dreigliedrigkeit oder der Hauptschule, dass unterschiedliche Bildungsbiographien möglich sind und sich die einen je nach Interessen und Begabung für den einen und die anderen für einen anderen Weg entscheiden.

Es dient jedenfalls nicht einer humanen Gesellschaft, einer inklusiven, möglichst viele einbeziehenden Politik, die Ausbildungsberufe weiter abzuwerten und die akademischen Berufe aufzuwerten. Die OECD ist hier in bemerkenswerter Weise inkonsistent in ihren Bewertungen.[92] Einerseits kritisiert sie Länder wie Deutschland, Österreich und die Schweiz für ihre niedrige Akademikerquote, andererseits betont sie, dass diese Länder einen auffällig niedrigen Stand an Jugendarbeitslosigkeit

---

92 OECD–Studie, *Bildung auf einen Blick 2012: OECD-Indikatoren*, Paris (2012).

aufweisen. Ja, was nun? Es ist doch offenkundig, dass der relativ hohe Anteil an nicht akademischen Berufswegen eine wesentliche Ursache für diese niedrige Jugendarbeitslosigkeit ist.[93] Soll man wirklich nach amerikanischem Muster über 50 Prozent eines Jahrgangs durch Studiengänge schleusen, die bei den Betroffenen nur wenig Interesse wecken, die akademische Qualifikationen fördern, die in der späteren Berufstätigkeit irrelevant sind? Eine bekannte Wissenschafts- und Hochschulredakteurin, auch Hochschulforscherin, Christine Burtscheidt, plädiert am Ende einer »Bilanz der deutschen Hochschulreform« gerade dafür, nämlich dieses amerikanische College-System zu übernehmen.[94] Aber warum sollte ein System übernommen werden, das nachweislich weit schlechter funktioniert als das deutsche bei all seinen aktuellen Mängeln? Das ist doch eines der Hauptprobleme der amerikanischen Wirtschaft, dass sie kaum diejenigen Qualifikationen findet, die gebraucht werden. Die ungesunde Ausweitung des Finanzkapitalismus in den angloamerikanischen Ländern hat auch mit der Deindustrialisierung zu tun und diese wiederum damit, dass immer weniger junge Menschen, fehlgeleitet durch ihr Bildungssystem, Neigung und Fä-

---

93 Die Jugendarbeitslosenquote der Mitgliedsstaaten der Europäischen Union vom Juli 2012 (saisonbereinigt) mit Deutschland als Schlusslicht (8 %) findet man unter: http://de.statista.com/statistik/daten/studie/74795/umfrage/jugendarbeitslosigkeit-in-europa/ (Letzter Zugriff 24.09.2012).

94 Vgl. Christine Burtscheidt, *Humboldts falsche Erben. Eine Bilanz der deutschen Hochschulreform,* Frankfurt a. M. (2010).

higkeit zu technischen Berufen haben. Deutschland hat hier eine weit bessere Bilanz. Die Tatsache, dass in keinem anderen Land der Welt so viele Patente pro eine Million Menschen mit Erfolg beantragt werden, spricht eine deutliche Sprache. Deutschland war in der Vergangenheit ein Land der Dichter und Denker, ist aber heute eher ein Land der Tüftler und Techniker. Warum sollten wir diese Stärke zerstören?

Wenn Prominente in Fernsehsendungen von ihren Schulerinnerungen berichten, erzählen sie gerne von ihrem Versagen im Mathematikunterricht. Auch unter Journalisten scheint dies in besonders hohem Maße zu den prägenden Erinnerungen zu gehören – was immer das über den Journalistenberuf aussagen mag. Jedenfalls sind auffällig viele Berichte, in denen Zahlen und Strukturen in Zeitungen eine Rolle spielen, fehlerhaft. Hängt das möglicherweise damit zusammen, dass die Mathematik als Fach in den Schulen in der Luft hängt? Dass die allgemeinbildenden Schulen die praktischen und technischen Kompetenzen nicht fördern und damit implizit eine Unwert-Botschaft vermitteln? Handwerkliches und Technisches ist für die, die sich an den Schulen schwertun? Unsere allgemeinbildenden Schulen sind in zwei Bereichen recht erfolgreich: Sie vermitteln die Kulturtechniken Lesen, Schreiben, Rechnen und die Gymnasien vermitteln akzeptable Fremdsprachenkenntnisse (man vergleiche das einmal mit Ländern wie den USA oder auch Italien und Frankreich!), insofern vermitteln die PISA-Ergebnisse ein falsches Bild: Hätte man bei den 15-Jährigen Kenntnisse in einer Fremdsprache abgeprüft, wären die angelsächsischen Länder, aber auch die meisten romanischen dramatisch abgesunken, andere Länder, darunter auch Deutschland, besonders aber die skandinavischen und slawischen Länder sowie afrikanische Länder und Indien, hätten dagegen teilweise deutlich hinzugewonnen.

Die Aufwertung, genauer die Gleichwertigkeit, handwerklicher und technischer Fähigkeiten und Berufstätigkeiten und damit auch (das nur am Rande) die Aufwertung der ingenieur- und technikwissenschaftlichen Studiengänge wären nicht nur aus ökonomischen Gründen vernünftig, sondern vor allem Ausdruck einer Kultur der gleichen Anerkennung. Es gibt unterschiedliche Interessen und Begabungen und ihnen entsprechend unterschiedliche Lebens- und Berufswege. Wir müssen lernen, dass diese gleichwertig sind. Paradoxerweise kann uns dabei der ökonomische Markt mit seiner Bewertung nach Bedarf und Knappheit helfen. Inklusion ist unter Bedingungen der modernen, multikulturellen Gesellschaft nie durch Homogenisierung, sondern immer nur durch eine Kultur gleicher Anerkennung zu erreichen. Inklusion heißt nicht Assimilation, sondern Einbeziehung des anderen.[95] Die Philosophie humaner Bildung verlangt nach gleichem Respekt und gleicher Anerkennung unterschiedlicher Biographien, Kompetenzen, Interessen und Fähigkeiten.

---

95  Vgl. Jürgen Habermas, *Die Einbeziehung des Anderen. Studien zur politischen Theorie*, Frankfurt a. M. (1996).

# 3. Demokratie

Demokratie ist eine Lebensform, nicht lediglich ein Entscheidungsverfahren (»Die Mehrheit entscheidet«). Keine Demokratie ohne individuelle Rechte, wie sie im deutschen Grundgesetz in den Artikeln eins bis neunzehn niedergelegt sind. Demokratie besteht also gerade darin, dass das Prinzip der Mehrheitsentscheidung begrenzt ist. Mehrheiten entscheiden nicht darüber, was der Einzelne tun darf oder nicht, wenn dies zu den Rechten gehört, die dieser Einzelne hat. Keine Demokratie ohne Rechtsstaatlichkeit. Rechtsstaatlichkeit aber heißt, dass wichtige Entscheidungen nicht demokratisch, sondern durch Gerichte getroffen werden. Keine Demokratie ohne Partizipation. Wenn nicht eine hinreichende Anzahl von Bürgerinnen und Bürgern bereit ist, sich auch in Wahlämtern für das allgemeine Wohl zu engagieren, ist eine demokratische Ordnung nicht lebensfähig. Keine Demokratie ohne politische Öffentlichkeit. Wenn sich die Bürgerinnen und Bürger nicht für politische Fragen, Projekte und Entscheidungen interessieren, gibt es keine Kontrolle der Parlamente und Regierungen durch die Bürgerschaft. Keine Demokratie ohne eine Kultur gleicher Anerkennung und gleichen Respekts. Ein Staat, in dem eine Mehrheitskultur die Minderheitenkulturen unterdrückt, ist nicht demokratiefähig. Selbst wenn alles rechtsstaatlich und formal demokratisch zugeht, ist eine Bürgerschaft als Ganze nicht demokratiefähig, wenn 60 Prozent eine bestimmte Sprache sprechen und sich einer bestimmten Kultur zugehörig fühlen, während 40 Prozent eine andere Sprache sprechen und sich einer anderen Kultur zugehörig fühlen, beide Ethnien jeweils politisch wohlorganisiert sind, das heißt durch eigene Parteien repräsentiert werden und sich die Mehrheitspartei jeweils gegen die Minderheitspartei durchsetzt.

Die Demokratie beruht auf einem normativen Grundkonsens, wonach die Institutionen, Gesetze und Entscheidungen jeweils in einem fundamentalen Sinne im Interesse aller sind. Es ist die Zustimmungsfähigkeit, die demokratische Herrschaft auszeichnet. Dies eint, wie wir in IV. 1 gesehen haben, die Theoretiker der politischen Moderne von Thomas Hobbes bis Immanuel Kant. Entgegen einer im Liberalismus stark vertretenen Auffassung gibt es kulturelle Voraussetzungen, ohne die die Demokratie nicht existieren kann. Insofern ist die Demokratie eine Lebensform. Diese Lebensform ist allerdings mit einer Vielfalt von kulturellen Prägungen vereinbar. Sie beruht auf der Anerkennung gleicher Menschen- und Bürgerrechte, sie beruht aber auch auf dem in der alltäglichen Praxis manifesten Respekt gegenüber kultureller Differenz, gegenüber individueller Autonomie und sie beruht auf einem geteilten, in der kulturellen Praxis verwurzelten Gerechtigkeitssinn.

Wenn wir Demokratie als Lebensform begreifen, dann müssen wir uns mit den Spezifika dieser Lebensform auseinandersetzen. In diesem Zusammenhang lässt sich dann bestimmen, welche Rolle Bildung für die und in der Demokratie spielt.

Der traditionelle und bis heute beliebte Einwand gegen die Demokratie ist, dass wenige Menschen die notwendige Urteilsfähigkeit haben, um so wichtige Fragen wie die der Zusammensetzung einer Regierung oder der Ratifizierung eines internationalen Vertrages durch ein Referendum oder der grundlegenden Wirtschaftspolitik entscheiden zu können. Während die repräsentative Demokratie die Beratungen und Entscheidungen in die Parlamente verlagert, lässt die direkte Demokratie unmittelbare Sachentscheidungen durch die Bürger zu. Für die direkte Demokratie verschärft sich daher die Problematik. Keine Demokratie ohne eine hinreichend allgemeine Fähigkeit zur Beurteilung politischer Fragen. Politische Fragen befassen sich mit der Ordnung des Gemeinwesens als Ganzem. Ihre Beantwortung bestimmt die Strukturen, innerhalb derer Institutionen und Praktiken sich entwickeln können. Das Politische steht daher nicht neben dem Ökonomischen, dem Sozialen, dem Kulturellen, sondern hat insofern ein Primat, als es die Ordnung der Institutionen und der Praxis festlegt. In der Demokratie geht alle Macht vom Volke aus, das heißt, es ist im demokratischen Verständnis das Volk selbst, das über die Grundlinien dieser Ordnung bestimmt – in repräsentativen Demokratien dadurch, dass es bestimmte Parteien, die mit Programmen in die Wahlauseinandersetzung gehen, mit der Regierungsbildung beauftragt. Die durch Wahl erfolgreichen Parteien bestimmen dann mit Mehrheiten in den Parlamenten die Inhalte der Gesetzgebung und über die von den Parlamenten kontrollierte, aber auch gestellte Regierung die ausführende politische Gewalt. Es kann also keine Demokratie ohne eine allgemeine politische Urteilskraft geben, ohne eine verantwortliche Bürgerschaft, die sich informiert und die sich an den Entscheidungen beteiligt, sei es in der Rolle des Bürgers oder in der Rolle des gewählten Politikers. Weder der Bürger noch der gewählte Politiker ist Fachmann, hat eine Ausbildung in politischer Theorie und Praxis hinter sich. Die Demokratie setzt also voraus, dass die Grundlinien der politischen Praxis auf der Grundlage allgemeiner Urteilskraft in vernünftiger Weise bestimmt werden können.

Diese Rolle der Urteilskraft ist nicht neutral gegenüber unterschiedlichen Demokratiekonzeptionen. Ich bin der Auffassung, dass die Wahrheit einen zentralen Ort hat in der Demokratie, dass Wahrheitsansprüche dort berechtigt sind, dass es nicht lediglich um Interessen und ihren Ausgleich geht. Wenn heute darüber gerungen wird, ob eine Vertiefung der europäischen Integration oder eine Rücknahme der gemeinsamen Währung der richtige Weg ist, dann geht es nicht um Gruppeninteressen, sondern um die Frage, ob das eine oder das andere dem nationalen und dem europäischen Gemeinwohl dienlicher ist.[96] Wenn gestritten wird, ob das Betreuungsgeld eine familienpolitisch vernünftige Maßnahme ist oder nicht, dann geht es nicht lediglich um diejenigen, die vom Betreuungsgeld profitieren,

---

96 Vgl. Peter Bofinger; Jürgen Habermas; JNR, »Für einen Kurswechsel in der Europapolitik«, FAZ 4.08.2012, erschienen unter dem Titel: *Einspruch gegen die Fassadendemokratie*, S. 33.

bzw. um die Steuerzahler, die dieses Betreuungsgeld finanzieren müssen. Dann wäre die Frage schon längst entschieden, denn die Nutznießer sind in der Regel bei sozialen Leistungen eine Minderheit. Es geht vielmehr um die Frage, ob das Betreuungsgeld familienpolitisch sinnvoll und gerecht ist. Also um eine Sach- und Wertfrage, keine der bloßen Interessen.[97] Wenn es lediglich um Interessenlagen und ihre Artikulation ginge, dann gehörte es lediglich zu den Bedingungen der Demokratie, seine Interessen richtig einschätzen und effektiv artikulieren zu können. Es geht aber um mehr, nämlich um politische Urteilskraft und um die Fähigkeit zur Gemeinwohlorientierung und das ist ohne allgemeine Bildung der Bevölkerung nicht zu haben. Das, was früher allgemeine Volksbildung hieß und seit dem 19. Jahrhundert als eine staatliche Aufgabe definiert wurde, ist also Voraussetzung der Demokratie, die damals – jedenfalls in Deutschland – noch nicht existierte. Ohne Bildung keine Demokratie. Aber auch die Umkehrung ist nicht abwegig: Es ist erst die Demokratie als Lebensform, die jedem Bürger klarmacht, dass er es selbst ist, der das Ganze, die politische Ordnung, die Art und Weise, in der sich Institutionen und Praktiken entwickeln, bestimmt. Demokratie ist eine Selbstermächtigung der Bürgerschaft als Ganzer, aber auch eine Selbstermächtigung des Individuums, das die Option hat, sich in gerin-

---

97  Detaillierter führe ich das Argument im ersten Kapitel meines Buches *Demokratie und Wahrheit*, München (2006) aus.

gerem oder größerem Umfang an den politischen Entscheidungen zu beteiligen. Nicht demokratische Staaten begünstigen Lebensformen, in denen nur wenige über die notwendige Urteilskraft verfügen und diese, zusammengehalten durch gemeinsame Herrschaftsinteressen, kontrolliert werden können. Nicht demokratische Herrschaftsformen haben kein Interesse an allgemeiner Bildung. Sie empfinden diese in der Regel sogar als Bedrohung. Bildung kommt dann lediglich in Frage als Instrument ökonomischer Funktionalität.

Keine Demokratie ohne allgemeine Urteilskraft, keine allgemeine Urteilskraft ohne allgemeine und inklusive Bildung. Auffällig ist jedoch, dass politische Bildung an den allgemeinbildenden Schulen nicht nur in Deutschland eine randständige Rolle spielt. Es mag sein, dass die Ministerialbürokratien vor einer Politisierung der Schulen nach wie vor Angst haben, obwohl die Zeiten der Jugend- und Studentenrevolten längst vorüber sind. Die Parzellierung politischer Bildungsinhalte in Fächern wie Geschichte und Sozialkunde dokumentiert fehlendes demokratisches Bewusstsein. In unseren Schulen wachsen die zukünftigen Bürgerinnen und Bürger unserer Demokratie heran. Sie sind dann Ursprung aller staatlicher Macht, sie sind verantwortlich für den zukünftigen Gang unseres Gemeinwesens, sie sind nicht nur verantwortlich für die politische Ordnung der Institutionen und der Praktiken, sondern sie sind Träger demokratischer Gesinnung, sind bereit, sich selbst zu engagieren, nehmen Anteil an der politischen Entwicklung und entscheiden letztlich über die Zukunft. Sie sind in der Rousseau'schen Formulierung nicht nur *bourgeois*, sondern auch *citoyens* der Zukunft. Behandelt werden sie überwiegend nach wie vor als Untertanen und in zweiter Linie als Konsumenten und Produzenten: Bildung als Konsumgut und als Investitionsgut. Bildung ist immer auch Investition und, sofern erhebend und erfreulich, auch Konsum, aber Bildung ist zugleich das Ferment einer demokratischen Gesellschaft, das eine Bürgerschaft formt, die ermächtigt ist, über die Ordnung ihrer Institutionen und ihrer Praktiken und die Entwürfe der Zukunft zu entscheiden.

Zu den zentralen Bildungsinhalten in der Demokratie gehört ein respektvoller Umgang mit Differenz, Differenz der persönlichen Lebensführung, der individuellen Lebensform, aber auch Differenz kultureller Praktiken und kollektiver Institutionen. Der Rahmen des Respekts wird von den Menschen- und Bürgerrechten abgesteckt. Wo individuelle Lebensformen und kollektive Praktiken diesen Rahmen verlassen, geraten sie in Konflikt zur demokratischen Ordnung und können mit den Mitteln des Rechtsstaates, aber auch der Kritik sanktioniert werden. Zur demokratischen Bildung gehört die Gleichrangigkeit der Geschlechter. Kulturelle Praktiken, die die Unterordnung des weiblichen Geschlechts verlangen, sind daher nicht demokratieverträglich. Die Demokratie ist mit einer Vielfalt kultureller Lebensformen vereinbar, aber nicht mit allen. Die Demokratie ist mehr als nur ein loser Zusammenhalt unterschiedlicher moralischer Überzeugungen und kultureller Praktiken durch einen politischen Gerechtigkeitssinn, wie John Rawls postuliert[98], sondern verlangt nach einer demokratieverträglichen politischen Kultur und fördert daher kulturelle Praktiken und Lebensformen, die vom Respekt gegenüber gleicher individueller Freiheit geprägt sind, die nicht diskriminieren und ausgrenzen, sondern als gleich würdig anerkennen und einbeziehen.

Die liberale Demokratie sieht einen weiten Spielraum für Unterschiede an Weltanschauungen, Lebensformen und Kulturen vor. Aber sie ist *nicht ethisch neutral*. Bildung in der Demokratie muss dem gerecht werden. Allgemeine, vom Staat verantwortete Bildung darf nicht einzelne Lebensformen gegenüber anderen auszeichnen oder bevorzugen. Sie muss getragen sein von einer Kultur gleich würdiger Anerkennung und einer Haltung des Respekts gegenüber individuellen Differenzen. Zugleich aber bleibt sie auf die normativen Grundlagen der demokratischen Ordnung verpflichtet, das heißt insbesondere auf die Menschen- und Bürgerrechte.

Ich will dies an einem konkreten Bespiel erläutern. Unterdessen leben in Deutschland über 3,5 Millionen Menschen, die sich als Muslime bezeichnen. Die ganz überwiegende Mehrzahl von ihnen ist türkischer Herkunft. Dies ist eine ungewöhnlich günstige Konstellation, denn die Türkei bekennt sich von ihrer politischen

---

98 Vgl. John Rawls, *Political Liberalism*, New York (1993) sowie JNR und Elif Özmen, *Zur Normativität des Politischen in der säkularen, liberalen und sozialen Demokratie*, in: *Jahrbuch für Ethik und Recht* Bd. 19, Berlin (2011) S. 51–63.

Ordnung her zu den Menschenrechten, zur Gleichstellung der Geschlechter, zum säkularen Staat. Die Türkei ist ein Land, das gegenwärtig eine deutliche Aufwertung erfährt. Die wirtschaftliche Entwicklung ist extrem günstig, mit hohen Wachstumsraten, und die Konfliktlagen im Nahen Osten lassen erwarten, dass die Türkei dort in Zukunft die Rolle einer regionalen Hegemonialmacht einnehmen wird. Die Türkei ist zudem Beitrittskandidat der Europäischen Union und würde als Mitgliedsland zahlen- und flächenmäßig das größte sein und wohl eines Tages auch das wirtschaftlich mächtigste. Das Land repräsentiert zudem eine große kulturelle Tradition, die zwar durch die Atatürk-Revolution einen Bruch erlitten hat (Abschaffung des Arabischen, Einführung der lateinischen Umschrift, nationalistische Absonderung und langjährige Unterdrückung von Minderheitenkulturen, insbesondere der kurdischen), aber historisch und kulturell von großer Bedeutung ist. Die osmanische Herrschaft umfasste eines der größten Imperien der Weltgeschichte und seine kulturellen und politischen Prägungen wirken bis heute nicht nur im arabischen Kulturkreis, sondern auch in Zentralasien und Europa fort. Warum erhält dann das Türkische an deutschen Gymnasien nicht den Rang einer Kultursprache? Dies wäre Zeichen einer Kultur der Anerkennung, des gleichen Respekts. Es wäre für die deutschsprachigen Schüler ein wichtiges Signal, dass es sich bei der Türkei nicht um ein »Gastarbeiterland« handelt, sondern um eine in vieler Hinsicht bedeutende Nation, und es wäre für die türkischstämmigen Schüler ein Zeichen, dass ihre Kultur einen hohen Rang hat und in dem Land, in dem sie leben, anerkannt und geachtet wird.

Die Demokratie als Lebensform setzt auf den *zivilen Austrag von Konflikten*, die Fähigkeit, sich vom eigenen Interessenstandpunkt zu distanzieren, auch über Interessengegensätze hinweg zu kooperieren, Kompromisse einzugehen. Eine Kultur der Autorität und des Gehorsams ist nicht demokratieverträglich. Eine Kultur der Intoleranz gegenüber abweichenden Lebensformen und Auffassungen ist nicht demokratieverträglich. Bildung in der Demokratie hat die Aufgabe, zu einer demokratieverträglichen humanen und zivilen Kultur respektvollen zwischenmenschlichen Umgangs beizutragen.

# Kapitel IX

# Drei Prinzipien einer humanen Bildungspraxis

> *»Wir müssen also unsere Ansichten allgemeiner fassen und in unserem Schüler den Menschen an sich sehen, der allen Zufällen des Daseins ausgesetzt ist.«*[99]

In der deutschsprachigen Diskussion wird häufig zwischen Bildung einerseits und Erziehung andererseits unterschieden. Bildung ist dann Sache der Schulen, Erziehung die der Familien. Im Englischen und in anderen europäischen Sprachen ist dieser Unterschied unüblich, dafür wird zwischen Maßnahmen und Einrichtungen der *education* und solchen von *care* unterschieden. In Deutschland setzte sich in den vergangenen Jahren langsam die Überzeugung durch, dass der Bildungsweg als Ganzer gesehen werden muss und allenfalls biographisch zu gliedern ist. In der Humboldt'schen

---

99 Vgl. Jean-Jacques Rousseau, *Émile ou de l'éducation* (1762). Übersetzt und kommentiert von Heinrich Meier, *Emil oder Über die Erziehung*, Paderborn (2003).

Bildungstradition ist die strenge Trennung von Ausbildung und Bildung, von Spezial- bzw. Bürgerschulen einerseits und allgemeinbildenden, staatlichen Schulen andererseits zentral.[100] Jede dieser Einteilungen, auch die zuletzt genannte, ist nicht nur begrifflich fragwürdig, da klare Kriterien für die jeweilige Grenzziehung fehlen, sondern sie führen zudem zu Fehlschlüssen in der Bildungspraxis. Eine humane Bildungspraxis stiftet Einheit, sie separiert und selektiert nicht. Ich werde im Folgenden für drei Prinzipien humaner Bildungspraxis plädieren: (1) *für das Prinzip der Einheit der Person*, (2) *für das Prinzip der Einheit des Wissens*, (3) *für das Prinzip der Einheit der Gesellschaft*. Diese drei Prinzipien kann man als bildungspraktische Schlussfolgerungen aus den bildungsphilosophischen Überlegungen der vorausgegangenen Kapitel lesen. Aber auch hier halte ich mich an die Regel, dass die Bestimmung der besten Mittel zu den bildungsphilosophischen Zielen ein arbeitsteiliger und kooperativer Prozess sein muss, der nur Erfolg haben kann, wenn Experten aus der Pädagogik, empirische Bildungsforscher und Bildungspraktiker, aber auch die betroffenen Kinder, Jugendlichen und ihre Eltern, von einer kritischen, bildungsinteressierten Öffentlichkeit begleitet, zusammenwirken.

---

100 Vgl. Wilhelm von Humboldt, *Litauischer Schulplan* (1809).

# 1. Einheit der Person

Eine humane Bildungspraxis ist darauf gerichtet, die Integrität der Person zu achten und zu fördern. Dies haben wir als eine zentrale Botschaft der humanistischen Bildungstradition rekonstruiert: die Person als Ganze, nicht in ihrem Funktionieren für diese oder jene Zwecke, zu respektieren und günstige Bedingungen für ihre Entfaltung zu schaffen. Über Jahrhunderte war die pädagogische Praxis darauf gerichtet, aus defizitären, unfertigen kleinen und jungen Menschen erwachsene Vollmitglieder der jeweiligen Gesellschaft, des jeweiligen Standes, der jeweiligen Gemeinschaft zu machen. Man kann die humanistische Tradition seit der Antike als eine Abfolge von Heilungsversuchen interpretieren. Die Heilung schreitet zunächst rasch voran, gerät dann ins Stocken, die Krankheit kehrt, zunächst schleichend, dann ungehemmt zurück. Platon lehnt sich gegen die Instrumentalisierung der Bildung durch die Sophisten auf, er polemisiert gegen die aus dem Boden schießenden »Schatten-Künste«, gegen die disziplinäre Verselbstständigung, die *polymathia* (gr.: πολυμάθεια – Vielwisserei), gegen den Verlust der normativen Orientierung. Die Sophistik verliere die zentralen Bildungsziele Erkenntnis, gutes Leben, gerechte Stadt aus den Augen.[101] Für Aristoteles steht die innere Stimmigkeit der Lebenspraxis im Mittelpunkt der Bildung. Die Ausdifferenzierung in

---

101 Vgl. Platon, *Politeia*.

theoretische und praktische Wissenschaften, die Unterscheidung unterschiedlicher Methoden in den beiden Bereichen dürfen nicht verdecken, dass das Bildungsziel einer guten Lebensform Einheit stiftend, Orientierung gebend bleibt. Auch die Stoa als dominierende Weltanschauung des Hellenismus und auch der römischen Kaiserzeit bis zur Christianisierung offeriert eine Einheit stiftende Bildungsidee, in der rationale Erkenntnis und vernünftige Lebensführung, die vernünftige Ordnung des Weltganzen *(logos)* und die vernünftige Gestaltung derjenigen Angelegenheiten, die unter unserer Kontrolle sind, Hand in Hand gehen. Auch die karolingischen Bildungsreformen knüpfen an diese antiken Ideale der Einheit der Vernunft an. Ebenso lassen sich die Humanisten der italienischen Renaissance von der Ahnung eines menschlicheren Lebens leiten: alte Texte, um milder und liebenswerter zu werden; Liebesgefühle in Gedichten ausdrücken und die Tiefe menschlicher Emotion ausloten; Naturbeschreibungen sollten die Menschen sensibilisieren. Die These der Einheit der Vernunft (IV. 1) richtet sich nicht nur gegen die Separierung in einzelne Disziplinen, sondern auch gegen die Separierung von Lebensform und Wissenschaft.

Eine humane Bildung versteht das heranwachsende Individuum als ein Wesen eigenen Ranges, das gleichen Respekt verdient wie erwachsene Menschen. Auch wenn sich die Fähigkeit zur eigenständigen Lebensgestaltung erst im Laufe des Bildungsweges entwickelt, so sind doch auch das Kind und die Jugendliche empfindende, denkende und handelnde Wesen, sie repräsentieren eine eigene subjektive Welt, die an Komplexität derjenigen von Erwachsenen nicht nachsteht. Das schulische Bildungswesen legt das Augenmerk auf einen kleinen Teilaspekt dieser subjektiven Welt. Es fördert recht erfolgreich Fertigkeiten, zu denen die drei elementaren Kulturtechniken Lesen, Schreiben, Rechnen gehören, und das bildet, jedenfalls im günstigen Fall, kognitive Fähigkeiten aus. Andere Aspekte dieser subjektiven Welt, andere Dimensionen der Lebensform von Kindern und Jugendlichen spielen dagegen in der schulischen Bildung nur eine indirekte Rolle, bleiben marginal oder sogar ausgeschlossen.

Während die Wahrnehmungsfähigkeit, die ästhetische Dimension, für die Entwicklung der Persönlichkeit von zentraler Bedeutung ist, bleibt sie in der schulischen Bildung randständig; ein spezifisches Fach, das nach eigenem Verständnis der Kunsterziehung dient. Die Entwicklung von Materialgefühl, die Differenzierung unterschiedlicher Farben, Formen und Gerüche, die Entwicklung einer entfalteten Sinnlichkeit stehen nicht auf dem Lehrplan. Sinnliche Eindrücke, ihre Einordnung und Interpretation sind für Kinder und Jugendliche – im Wortsinne – von überwältigender Bedeutung. Im Laufe des Heranwachsens schützen sich Kinder und Jugendliche vor dieser sinnlichen Überwältigung oft genug in Form von Abstumpfung und Indifferenz anstatt durch Verfeinerung, Achtsamkeit und gegebenenfalls Distanz. Eigener Kunstpraxis, nicht so sehr im Sinne der Vermittlung von technischen Fertigkeiten, wie Abzeichnen oder Kolorieren, sondern als Ausdruck eigener Sinnlichkeit, sollte auch in der schulischen Bildung ein höherer Stellenwert eingeräumt werden.

Der Kunstunterricht erreicht nur selten die lebendige, ja existenzielle Auseinandersetzung mit zeitgenössischer künstlerischer Praxis und die Ausbildung eigener künstlerischer Fähigkeiten. Es gibt, auch in Deutschland, einige vielversprechende Versuche, Künstlerinnen und Künstler in die Bildungspraxis mit einzubeziehen. Darin scheint mir eine große Zukunft zu liegen. Die Erfahrungen mit Projekten, in denen professionelle Künstler mit jungen, an kultureller Praxis Interessierten zusammenwirken, sind fast durchgängig positiv.

Eine solche Bildungspraxis kann allerdings nur Erfolg haben, wenn der Schulalltag nicht von einem sprunghaften Wechsel von Disziplin zu Disziplin unterbrochen wird und einer Konzentration auf die künstlerische Praxis Raum gibt. Die wöchentlich 45 Minuten Kunsterziehung entsprechen einem traurig verkürzten Bildungsbegriff, in dem die ästhetische Dimension menschlicher Existenz verkümmert ist. Angesichts der Ursprünge der europäischen Bildungsgeschichte in der Antike, zumal in der griechischen Klassik und der humanistischen Bildungstradition, ein eigentlich niederschmetternder Befund.

Eng mit der ästhetischen ist die physische Dimension[102] der kindlichen und jugendlichen Lebensform ver-

---

102 JNR, »Die physische Dimension der Bildung«, in: Michael Krüger, Nils Bauer (Hrsg.), *Bildung im Sport. Beiträge zu einer zeitgemäßen Bildungsdebatte*, Wiesbaden (2011), S. 17–33.

bunden. Sinnlichkeit ist immer auch Wahrnehmung des eigenen Körpers. Der eigene Körper als Verbindung zur Welt und zugleich als Medium der Aktivität, des Einwirkens auf diese Welt. Einheit und Grenzen der Vernunft machen deutlich, wie abwegig ein einseitiger, kognitiver Bildungsbegriff ist. Platon fordert in der *Politeia*, die Bildung mit Musik und Sport zu beginnen und Männer und Frauen, Jungen und Mädchen gleichermaßen mit einzubeziehen. Bildung durch Musik und Sport, das Gymnasium als Stätte des Sports und nicht als Dressuranstalt passiven Lernens. Die künstlerische Praxis als Ausgangspunkt und bleibendes Zentrum der Bildungsbiographie. Die Balance von Physischem und Psychischem, von Ästhetik und Praxis als Bildungsweg und -ziel. Die deutsche Bildungspolitik hat dagegen die niederschmetternden ersten PISA-Ergebnisse zum Anlass genommen, die musische und die physische Bildung weiter zu marginalisieren, zu einer Schattenexistenz am Rande eines übervollen Stundenplans zu verdammen.

Der schulische Alltag sollte mit gemeinsamem Sport beginnen. Dies schadet auch den Lehrern nicht, die den Sportunterricht nicht zu ihrem Beruf gemacht haben. Eine moderate körperliche Anstrengung zu Beginn des Tages weckt die Sinne, führt zur Ausschüttung von Glückshormonen (Endorphine), durchblutet das Gehirn und bereitet es so auf die bevorstehenden Anstrengungen vor, entspannt die Muskulatur und erlaubt so auch längere sitzende Aktivität ohne die typischen begleitenden Rückenschmerzen, fördert den sozialen Zusammenhalt und die Kooperation, stiftet Selbstwertgefühl und Gelassenheit. Zur Bildungswirkung des Sports gehört auch die Abschätzung von Intentionen anderer, ihrer emotionalen Verfasstheit und ihrer Motive auch ohne sprachliche Verständigung. Das gilt natürlich vor allem für Mannschaftssportarten. Sport kann auch als Leistungssport eine wichtige Bildungsfunktion haben, aber der Leistungsvergleich und das sportlich simulierte Dominanzstreben sollten nicht im Mittelpunkt stehen. Leistungssport ist zeitaufwendig, birgt gesundheitliche Risiken und daher sollte die physische Bildung nicht als Vorform oder Talentsuche des Leistungs- und Hochleistungssports instrumentalisiert werden.

Die Ästhetik im Sinne der Ausbildung von Wahrnehmungsfähigkeit, von sinnlicher Unterscheidungskraft, von ästhetischem, auch künstlerischem Urteil, im Sinne von einem Gespür für Farbtöne, Farben, Materialien und Formen ist ein zentraler Teil menschlicher Weltorientierung. Musikalische und mathematische Begabung gehen oft Hand in Hand. Das ist kein Zufall. Auch die Musik hat eine strukturelle Komponente, wie die Mathematik. In vielen Berufen ist die ästhetische Bildung von überragender Bedeutung. Tatsächlich werden zunehmend ästhetische Qualifikationen auf dem Arbeitsmarkt gesucht, das gilt nicht nur für die Werbewirtschaft, für Modedesigner, für Architekten und Städteplaner, sondern für ein breites Spektrum von Technikern und Facharbeitern gleichermaßen. Ja, es scheint mir einen engen Zusammenhang zwischen ästhetischer und technischer Bildung zu geben. Das, was im klassischen Bildungskanon gelegentlich als eine eher

»technische Begabung« abgewertet wird, beruht oft zu einem großen Teil auf der Fähigkeit zu unterscheiden, Differenzierungen vorzunehmen, einen präzisen Blick zu haben, ein Gespür für Materialien und Formen vorzuweisen, sich in der Welt natürlicher und technischer Gegenstände mit Feingefühl und Präzision bewegen zu können. *Technê* (gr.: τέχνη) ist Kunst, Kunstfertigkeit und Technik in einem. Kunst und Technik sind verwandte Bereiche menschlicher Praxis und sie überlappen sich. Der gute Künstler ist in der Regel auch ein guter Techniker und der gute Techniker ist in seinem Metier ein Künstler. Es gibt keinen Grund, die technische gegenüber der kognitiven Bildung zu vernachlässigen.

Während der Entwicklung von Kleinkindern lösen sich Phasen der überwiegend physischen mit Phasen der überwiegend kognitiven Fortschritte ab. Man hat den Eindruck, dass sich die Kinder phasenweise ganz auf das Laufenlernen konzentrieren und dann wieder Phasen, in denen die Kommunikation, die Verbesserung der Artikulationsfähigkeit, der Versuch, sich mitzuteilen und andere zu verstehen, im Mittelpunkt stehen. Aber diese Lernprozesse sind komplex und hängen eng miteinander zusammen. So hat man festgestellt, dass Kinder, die gut balancieren können, sich später in Mathematik leichter tun. Musikalischen Kindern, Kindern, die den Ton gut treffen, wenn sie eine Melodie nachsingen, fällt das Erlernen der Sprache leichter.

Geteilte Emotionen sind der Ursprung aller Bildung. Die kognitive Komponente tritt früh hinzu, in Gestalt der Interpretation des Verhaltens anderer. Wenn das

Kleinkind eine bestimmte Handbewegung nicht als Geste des Zeigens zu interpretieren lernt, wird sich die Verständigung nur schwer entwickeln können. Die Vernunft, das Kognitive – das Begründen, die wissensbasierte Einordnung, die Interpretation von Sachverhalten, die Erklärung von Ereignissen –, ist nicht autonom. Das Kognitive und das Emotionale sind unauflöslich miteinander verbunden. Das Kognitive nimmt seinen Ausgangspunkt in geteilten Emotionen, da die Interpretation des anderen emotionale Gemeinsamkeiten voraussetzt. Das Emotionale ist wiederum mit dem Ästhetischen eng verbunden, da es der vorsprachliche Qualitätsraum ist, der noch nicht von Begriffen präzisierte und differenzierte Erfahrungskontext, der eine geteilte Emotionalität ermöglicht.

Die soziale Kompetenz, die sich unter anderem in einem rücksichtsvollen Verhalten oder in Kooperationsbereitschaft äußert, kann durch kognitive Einsichten, etwa in die Gleichrangigkeit, in die gleiche Würde und Freiheit aller Menschen, gefördert werden. Aber die Fähigkeit zu Empathie, das Sich-Hineinfühlen in eine andere Person, auch eine solche, der man nicht nahesteht, ist Voraussetzung einer sozial gebildeten Praxis.

Eine humane Bildung soll den ganzen Menschen in den Blick nehmen, ihn in seiner ästhetischen, emotionalen, ethischen und kognitiven Dimension respektieren. Die menschliche Praxis verlangt nach einer Kohärenz emotiver und kognitiver, ästhetischer und ethischer Erfahrungen und Einstellungen. Diese Kohärenz zu entwickeln helfen und damit ein in sich stimmiges Leben zu ermöglichen, dazu beizutragen, dass Menschen in den unterschiedlichen Phasen ihres Lebens mit sich im Reinen sind, ist oberstes Ziel humaner Bildung.

## 2. Einheit des Wissens

Das zweite Prinzip humaner Bildungspraxis ist das der Einheit des Wissens. Die scharfe Trennung von Allgemeinwissen als Aufgabe staatlicher Schulen und Spezialwissen als Aufgabe von Spezialschulen, beziehungsweise Berufsschulen, wie Wilhelm von Humboldt sie folgenreich nicht nur für das deutsche Bildungswesen postuliert hat, sollte im Hinblick auf dieses Prinzip reformuliert werden. Es ist nicht Sache staatlicher Schulen, die sich an alle richten, spezielle Fertigkeiten oder Kenntnisse zu vermitteln. Der allgemeinbildende Wissenserwerb dient der Persönlichkeitsbildung, nicht spezifischen beruflichen oder anderen Tätigkeiten.[103] So wie die Persönlichkeitsentwicklung als komplexe Einheit zu begreifen ist, so ist auch das für die Persönlichkeitsentwicklung relevante Wissen eine komplexe Einheit. Die Weltsicht als Ganze muss kohärent sein, um praktische und theoretische Orientierung zu geben. Spezialkenntnisse ermöglichen eine spezifische Praxis, sie sind aber

---

103 Vgl. Wilhelm von Humboldt, *Über die innere und äußere Organisation der höheren wissenschaftlichen Anstalten in Berlin* (1810).

für diejenigen, die die betreffenden Tätigkeiten nicht ausüben, irrelevant. So gesehen hat diese Bestimmung zwei bildungspraktische Konsequenzen:

1. Weite Bereiche schulischer Inhalte, wie sie in den Curricula von Land zu Land unterschiedlich festgelegt sind, sind entbehrlich. Es handelt sich hier um Spezialwissen für spezifische Tätigkeiten und Interessen, die für die Persönlichkeitsbildung unerheblich sind. Eine drastische Stoffreduktion nach dem Kriterium, welches Wissen für die Persönlichkeitsbildung und die lebensweltliche Orientierung relevant ist, wäre geboten und trüge in mehrfacher Hinsicht zur Humanisierung der Bildungswege bei: weniger Hektik, weniger Stress, eine erhöhte Konzentration und vor allem mehr Nachhaltigkeit des Lernens.

2. Wesentliche Bildungsinhalte scheinen zu fehlen. So spielen, um ein wichtiges Beispiel zu nennen, in der Lebenspraxis moderner Gesellschaften Rechtsnormen eine wichtige Rolle. Ein vertieftes Verständnis der Rechtsordnung und der Rechtspraxis ist aber merkwürdigerweise kein zentraler Wissensstoff an allgemeinbildenden Schulen. Gleiches gilt für die Ökonomie oder die Psychologie, auch die Medizin.

So, wie wir Wissen generell und Orientierungswissen speziell charakterisiert haben, kann von einem genuinen Wissen nur dann die Rede sein, wenn dieses in einen größeren Zusammenhang eingebettet werden kann und damit begründbar ist. Hier sind Defizite aktueller Bildungspraxis besonders augenfällig. Die Kinder und Jugendlichen lernen die gewünschten Antworten zu geben, ohne aber den größeren Zusammenhang herstellen und ihre Kenntnisse begründen zu können. Kenntnisse dieser Art sind erfahrungsgemäß ohnehin schnell wieder vergessen, sodass die ganze Mühe von beiden Seiten – Lehrern wie Schülern – vergeblich war.

Allerdings ist nicht jedes entbehrliche Wissen wertlos. Die Fähigkeit, ein eigenes Urteil zu bilden, Erklärungen zu geben, aufgrund von Daten Hypothesen zu prüfen, die Erfahrung zu verallgemeinern, also ein Abstraktionsvermögen zu entwickeln, generell die Fähigkeit zu logischem Denken kann an ganz unterschiedlichen Gegenständen entwickelt, trainiert und erprobt werden. An einer bestimmten Stelle in die Tiefe zu gehen, die Grenzen zur wissenschaftlichen Analyse zu überschreiten, hat daher einen hohen Stellenwert in der schulischen und erst recht in der Hochschulbildung, unabhängig davon, um welche Materie es sich handelt. Wissenschaftliches Denken ist kein Privileg von Wissenschaftlern, sondern als zentraler Bildungsinhalt staatlicher Schulen Merkmal einer modernen Gesellschaft, die dem Projekt der Aufklärung verbunden bleibt.

Ähnliches gilt für den Sprachunterricht. Auch wenn die Kenntnisse der jeweiligen Sprache für die Persönlichkeitsbildung entbehrlich sind und nicht als kanonischer Bestandteil des Orientierungswissen gelten können, so ist doch die über das Erlernen einer Sprache vermittelte kognitive und interkulturelle Kompetenz wichtig für die Persönlichkeitsausbildung. Wenn es lediglich um die Fertigkeit, sich in einer Fremdsprache ausdrücken zu können, ginge, dann wäre die Schule der falsche Ort. Diese Fertigkeit ist außerhalb der Schule wesentlich wirksamer zu vermitteln. Ein schulischer Sprachunterricht, der sich daher auf Grammatik und Vokabeln beschränkt, verfehlt sein Ziel. Erst die vertiefte Auseinandersetzung mit Literatur und Kultur, mit Politik und Gesellschaft einer zeitgenössischen oder antiken Lebensform macht den schulischen Fremdsprachenerwerb zu einem wichtigen Instrument der Persönlichkeitsbildung. Vom Englischen kann man unterdessen allerdings sagen, dass es zum kanonischen Orientierungswissen gehört. Für das Lateinische oder gar das Griechische gilt das heute nicht mehr.

Die Organisation des schulischen Unterrichts in Gestalt von Einzelfächern, die unabhängig von anderen Fächern ihren Stoff vermitteln, ist der Einheit des Wissens nicht förderlich. Die Tatsache, dass in Deutschland, anders als in den romanischen Staaten, auch die Philosophie als interdisziplinäres Bindemittel ausfällt, verstärkt in Deutschland den Trend zur Parzellierung. Zudem ist die Lernform des raschen Wechsels von Fach zu Fach – wissenschaftlich heute unumstritten – dem Wissenserwerb nicht förderlich. Die Einheit des Wissens als Prinzip humaner Bildungspraxis verlangt nach einer Neuordnung der Inhalte und nach Durchlässigkeit der Fächergrenzen, aber auch nach projekt- und themenbezogenem Unterricht.

Nennen wir ein Wissen »kanonisch«, wenn es für die

geteilte Lebensform konstitutiv ist. Diese Lebensform könnte nicht fortexistieren, wenn diejenigen, die sie realisieren, über dieses Wissen nicht verfügten. Der Begriff »Lebensform« ist dabei in einem ganz weiten Sinne zu verstehen: Er umfasst die etablierte Praxis der Verständigung und der Interaktionen generell. Wir können bestimmte Teilaspekte dieser Lebensform beschreiben, etwa in der Art der Wittgenstein'schen Sprachspiele. Manche Charakteristika einer etablierten Lebensform mögen in vielen anderen, ja vielleicht in allen uns bekannten menschlichen Lebensformen eine Rolle spielen. Dann liegt es nahe, von einem universellen Merkmal *der* menschlichen Lebensform zu sprechen, das, was gelegentlich als *conditio humana* bezeichnet wird. Postmoderne und multikulturalistische Theorien betonen die Vielfalt, universalistische die Gemeinsamkeiten. Ich bin in dieser Frage Agnostiker. Ich kann nicht beurteilen, wie groß der Bestand an Gemeinsamkeiten über alle menschlichen Lebensformen hinweg ist. Dies zu beurteilen ist Sache von Historikern, Soziologen und Kulturanthropologen. Allerdings halte ich eine normativ verstandene Anthropologie für unverzichtbar. Eine menschliche Gesellschaft wird sich nur entwickeln, wenn wir uns auf Kriterien von Menschlichkeit verständigen – das ist gemeint mit »normativer Anthropologie«, die wir in I. 3 umrissen haben.

Es hat in den vergangenen Jahrzehnten eine heftige Auseinandersetzung gegeben, die bis heute andauert, um die Frage, ob es einen Bildungskanon gibt, das heißt, ob es einen festen Bestandteil an Kenntnissen gibt, die allen zu vermitteln seien, oder ob dieser Kanon nicht vielmehr eine spezifische Sichtweise festschreibe, etwa die der europäischen Kulturtradition der Moderne oder gar die einer spezifischen kulturellen Gruppe, etwa der weißen protestantischen US-amerikanischen Mittel- und Oberschicht. Für manche ist die Auflösung des Kanons die Voraussetzung für Emanzipation und kulturelle Vielfalt, für andere markiert sie das Ende aller Bildung. Ich möchte versuchen, auf der Grundlage des hier skizzierten philosophischen Bildungsverständnisses diesen Streit zu schlichten.

Ich stelle mir den Bildungskanon als eine geschichtete Kugel vor. Im Kern dieser Kugel befindet sich das, was wir als implizites Orientierungswissen beschrieben haben. Dies betrifft die Konstitutionsbedingungen empirischer und ethischer Erfahrungen, also zum Beispiel die Anschauungsformen von Raum und Zeit oder die Einsicht in die gleiche Verletzlichkeit anderer menschlichen (und nicht menschlichen) Lebens, die uns Pflichten der Rücksichtnahme auferlegt. Zu diesem Kern gehört der robuste Realismus unserer Lebenswelt. Zu diesem Kern gehört die Zuschreibungspraxis von Wünschen und Überzeugungen, Ängsten und Erwartungen und vieler anderer Einstellungen und Gefühle. Dieser Teil unseres Orientierungswissens ist in der Regel implizit, das heißt, wir sind uns dieses Wissens nicht bewusst, wir tun uns auch schwer, es in Worte zu fassen (auch die Philosophie hat damit erkennbar Schwierigkeiten, wie die umstrittenen und ambivalenten philosophischen Begriffe der »Lebenswelt« und der »Lebensform«

schon deutlich machen). Dieser zentrale Bereich unseres Orientierungswissens ist (transzendentale) Bedingung expliziten Wissens. Mit »transzendental« ist dabei lediglich gemeint, dass es Bedingung dafür ist, dass explizites Wissen überhaupt zustande kommt bzw. möglich ist. Es ist Bedingung der Möglichkeit von explizitem Wissen. In der Tat haben viele metaphysische, ontologische und erkenntnistheoretische Fragestellungen der Philosophie gerade diese im Auge: Was sind die lediglich impliziten, uns in der Regel nicht bewussten Bedingungen expliziten Wissens oder auch bewusster Praxis? Der Philosoph Peter Strawson hat dieses Projekt als »deskriptive Metaphysik« bezeichnet: Es geht nicht darum, von einem philosophischen Standpunkt die Fundamente zu bestimmen, auf denen dann das Gesamte unseres Wissens erst aufzubauen wäre, also konstruktivistisch zu verfahren, sondern es geht darum (um im Bild zu bleiben), die Fundamente offenzulegen, auf denen unsere lebensweltliche und wissenschaftliche Erfahrung und unsere Praxis beruhen, oder besser formuliert: die Bedingungen der Möglichkeit dieser Erfahrung und dieser Praxis sind.[104] In unserer Terminologie: Wir nehmen die Lebensform als gegeben (erst einmal) hin, um sie dann hinsichtlich ihrer impliziten Voraussetzungen, ihrer transzendentalen Bedingungen zu analysieren – und gegebenenfalls zu modifizieren, wie es der humanistischen Tradition entspricht, die eine menschlichere Lebensform zu realisieren sucht.

---

104 Peter Strawson, *Individuals: An Essay in Descriptive Metaphysics*, London (1959).

Dieses implizite und zugleich fundamentale Bildungs-wissen lässt sich nur schwer in Worte fassen und ist doch ein prägendes, ja konstitutives Element unserer Lebens-form und bildet den Kern des Bildungskanons. Dieser Kern der Kugel beginnt sich schon sehr früh, schon bald nach der Geburt, auszubilden. Er ist zumindest zu we-sentlichen Teilen universell, das heißt in allen mensch-lichen Lebensformen realisiert. Er ist (weitgehend) kul-turell invariant. Wie groß dabei der Anteil genetischer Prägung ist, ist zwischen den beteiligten Disziplinen (Entwicklungspsychologie, Neurophysiologie, Ethologie, Linguistik) und innerhalb der jeweiligen Disziplin um-stritten. Dass genetische Prägungen eine wichtige Rolle spielen, scheint mir allerdings auf der Hand zu liegen.

Dieser Kern ist umgeben von dem, was Philosophen »propositionales Wissen« nennen. »Ich weiß, dass du jetzt traurig bist«, »Ich weiß, dass es heute warm ist«, »Ich weiß, dass du anderer Auffassung bist« etc. sind Bei-spiele für propositionales Wissen bzw. für die Behaup-tung propositionalen Wissens. Wo ein Zweifel aber gar nicht in Frage kommt, scheint die Abwägung von Grün-den für und wider eine Überzeugung nicht sinnvoll zu sein. Begründungen enden in Überzeugungen, die kei-nen Zweifel zulassen. Je unmittelbarer eine Überzeu-gung mit dem impliziten Kern des Orientierungswissens verbunden ist, desto weniger erscheint eine *epistemische Bewertung* angemessen zu sein. Wir sind dann am Grund allen Begründens angelangt, im Kern einer geteilten und nicht zur Disposition stehenden Lebensform. Umso wei-ter wir uns jedoch von diesem Kern entfernen, umso wichtiger werden die Begründungen, das Abwägen von pro und contra, der Versuch, unsere Überzeugungen kohärent zu machen. *Die Fähigkeit der begründeten Stellungnahme* ist daher ein zentrales Bildungsziel.

Es wäre ein (rationalistischer) Irrtum anzunehmen, dass alle Überzeugungen Ergebnis der Abwägung von Gründen sind. Alles Begründen hat ein Ende, und zwar nicht außerhalb, sondern innerhalb der Welt der Meinungen, Bewertungen, Emotionen und Einstellungen. Wir begründen ungewisse Überzeugungen, indem wir auf gewissere, unumstrittenere hinweisen, ebenso wie wir strittige Emotionen dadurch begründen können, dass wir sie durch unstrittige Überzeugungen und Emotionen rechtfertigen. Das Gefühl der Angst lässt sich nur rechtfertigen, wenn es eine Gefahr gibt. Ob etwas als Gefahr gelten kann, ist auch eine Frage der Wertung. Eine Gefahr ist ein möglicher Schaden, der mit einer bestimmten Wahrscheinlichkeit eintreten wird. Wie groß die Wahrscheinlichkeit für das Eintreten dieses Schadens ist, kann nicht immer, aber doch oft mit statistischen Methoden bestimmt werden, hat also eine gewisse Objektivität für sich. Empirische Sachverhalte, normative Bewertungen, Emotionen und Einstellungen hängen viel enger miteinander zusammen, als meist angenommen wird.

Wir lernen unsere Überzeugungen zu begründen, wenn wir gefragt werden oder wenn wir Skepsis begegnen. Wir können die Regeln des Begründens nicht erfinden, sie sind in der Verständigungspraxis immer schon enthalten. Die Logik markiert einen wesentlichen Teil dieser Regeln. Die philosophische und mathematische Disziplin der Logik versucht diese Regeln explizit zu machen – nicht immer mit durchschlagendem Erfolg. Auch diese Regeln sind also zum großen Teil implizit, wir folgen ihnen, ohne sie formulieren zu können. Wir wissen um diese Regeln, sofern wir ihnen folgen und ein feines Gespür dafür haben, wann die Regel verletzt wird. Nennen wir die gesamte Praxis des Begründens *inferenziell,* dann beschreibt die philosophische Logik einen Teil unserer *inferenziellen* Praxis.

Man sollte nicht meinen, dass die Inferenzen, also die Begründungsformen, in der Wissenschaft komplex und im Alltag schlicht seien. Eher scheint mir das Umgekehrte der Fall zu sein: Die alltägliche *inferenzielle* Praxis ist komplexer als die wissenschaftliche. Man versuche etwa folgende lebensweltliche Begründung in die Sprache der Wissenschaft zu übersetzen: »Wir sollten nicht zu spät losfahren, weil Tante Frieda unter Zeitdruck streitsüchtig wird und wir dann mit schlechter Laune ankommen, was das gesamte Hochzeitsfest verderben könnte.« Hier werden kausale und probabilistische Dinge behauptet, zugleich wird eine Reihe von Wertungen vorgenommen und damit schließlich eine normative Überzeugung begründet, nämlich dass wir nicht zu spät losfahren sollten. Es kann durchaus sein, dass diese Überzeugung mit diesem Argument bestens gerechtfertigt ist, sich besser gar nicht mehr rechtfertigen ließe, trotz der Ambiguität der gebrauchten Begriffe »streitsüchtig«, »schlechte Laune«, »Fest verderben«, »zu spät«. Damit ein solches Argument überzeugt, müssen seine einzelnen Bestandteile von den Adressaten akzeptiert werden. An jedem einzelnen Punkt dieses komplexen Argumentes kann der Adressat einhaken und Zweifel anmelden. Dann muss die Rechtfertigung modifiziert werden, strittige Sachverhalte und Wertungen durch unstrittige ersetzt werden. Das kann, wie jeder weiß, ziemlich kompliziert werden. Auch hier ist der Begriff des kanonischen Wissens, wie wir ihn verwenden, hilfreich: Unter *kanonischem explizitem Wissen* wollen wir diejenigen Überzeugungen fassen, die unumstritten sind, die in den Begründungen verwendet werden dürfen, ohne selbst wiederum gerechtfertigt oder erklärt zu werden.

Wir haben nun drei Formen kanonischen Wissens: den Kern der Kugel, unseren menschlichen Welt-, Selbst- und Andere-Bezug. Zweitens *inferenzielles*, meist ebenfalls nur implizites Wissen. Und drittens propositionales, unstrittiges, die Begründungspraxis prägendes Wissen. Der Streit um einen Bildungskanon ist in dieser Hinsicht beigelegt. Es gibt zumindest drei Formen kanonischen Wissens, auf die wir nicht verzichten können. Darüber hinaus scheint es mir allerdings legitim zu sein, dass kulturelle und historische Spezifika sich in den Bildungsinstitutionen auch darin niederschlagen, dass die Besonderheiten des betreffenden Landes, der Kultur, der Bevölkerung verbindlicher gemeinsamer Lerninhalt sind. So gehört es in Deutschland zum kanonischen Wissen aller, wenigstens in Umrissen die jüngere Geschichte dieses Landes zu kennen und insbesondere das Zerstörungswerk der nationalsozialistischen Diktatur. Wer diesen Teil der deutschen Geschichte nicht kennt, kann die heutige politische und kulturelle Verfasstheit der Bundesrepublik nicht angemessen begreifen. Wer eine Umwertung vornimmt und die Praxis des NS-Regimes, und sei es auch nur in Teilen, verteidigt, kündigt einen Konsens politischer Bewertung auf, der seit Beginn der Nachkriegsgeschichte Deutschlands politisch und kulturell konstitutiv geworden ist. Dies ist ein Beispiel für einen kanonischen (historischen) Bildungsstoff, dessen Bedeutung nicht so sehr in der Faktizität der historischen Entwicklung liegt, sondern in der politisch, rechtlich-kulturellen Verfasstheit der Bundesrepublik Deutschland. Kanonisch ist dieses Wissen auch insofern, als es – abgesehen von Teilaspekten, von einzelnen Sachverhalten, die umstritten sind, wie etwa die Rolle der Wehrmacht für den Völkermord an den Juden oder der Charakter der Wirtschaftspolitik – in seinen Grundzügen sowohl empirisch, wie normativ unumstritten ist.

Dieses Beispiel genügt, um die Regel zu illustrieren: Es ist möglich und sinnvoll, über die erstgenannten drei Kategorien kanonischen Wissens hinaus spezifisches, partikulares, (länder- und kulturbezogenes) Wissen zum kanonischen Bildungsstoff zu machen. Es ist sinnvoll, weil es die Verständigungspraxis wesentlich erleichtert, und es ist legitim, weil die Existenz politisch-kultureller Gemeinschaft legitim ist und diese Gemeinschaften u. a. auch durch kanonische Bildungsinhalte konstituiert sind. Dass sich hier ein Spannungsverhältnis zwischen der Rationalität universeller Begründungen einerseits und der partikularen Bindungen und Emotionen andererseits auftut, liegt auf der Hand: Partikularitäten des Bildungsstoffes darf es nur in den Grenzen universeller Begründbarkeit geben.

## 3. Einheit der Gesellschaft

Es ist nicht Aufgabe der Bildung, Stände, Klassen, Einkommensgruppen oder kulturelle Gemeinschaften zu schaffen. Zum unseligen Erbe Platons gehört seine bis heute nachwirkende Idee, durch staatliche Bildung drei unterschiedliche Stände, die drei unterschiedlichen gesellschaftlichen Funktionen entsprechen, zu etablieren. Der eine Stand, die große Mehrheit, kümmert sich um die Grundbedürfnisse und wird entsprechend ausgebildet. Der andere Stand nimmt Führungsverantwortung wahr, allerdings unter Anleitung, und bedarf daher einer weit anspruchsvolleren Bildung. Und der dritte Stand schließlich sorgt für die wissenschaftlich angeleitete politische Führung. Die Tatsache, dass Platon diese Stände nach den jeweiligen Begabungen formen wollte, ändert nichts daran, dass diese Bildungsidee zu einer inhumanen Spaltung der Gesellschaft führt.[105]

Bildung soll nicht spalten, sondern einen. Soziologen, Ökonomen und Bildungsforscher werden entgegenhalten, dass Bildung nicht imstande sei, Spaltungen hervor-

---

105 Vgl. Platon, *Politeia*.

zurufen, allenfalls reproduziere sie diese. Eine Klassengesellschaft schlage sich eben am Ende in Bildungsklassen nieder. In einer marktförmigen Konkurrenzgesellschaft sei Bildung eben Instrument des Wettbewerbs, aber nicht seine Ursache. In einer kulturell zerklüfteten Gesellschaft reproduziere Bildung kulturelle Gemeinschaften, aber produziere sie nicht. Diese Bedingtheiten der Bildungspraxis und deren Auswirkungen sollen keineswegs bestritten werden. Aber die aktive Rolle, welche die Bildungspraxis für die Formung der Gesellschaft als Ganzer spielt, darf auch nicht unterschätzt werden.

Eine humane Bildungspraxis selektiert nicht und parzelliert nicht, sie geht von der Gleichwürdigkeit aller Menschen aus und fordert die Bedingungen eines gleichermaßen gelungenen und autonomen Lebens. Dabei nimmt sie auf die Vielfalt von individuellen Lebensformen, Interessen, Begabungen und kulturellen Prägungen Rücksicht. Diese Rücksichtnahme darf aber nicht zum Vorwand für Selektion und Separation werden.

Dass dieses Ideal einer humanen Bildung eine immense und unter den modernen Bedingungen einer sozialen und kulturell zerklüfteten Gesellschaft kaum bewältigbare praktische Herausforderung nach sich zieht, liegt auf der Hand. Die Bildungspraxis muss sich, um an dieser Spannung von Ideal und Realität nicht zu zerbrechen, als Korrektiv, als Beitrag zur Humanisierung und nicht als Lösungsinstanz aller gesamtgesellschaftlichen Probleme verstehen. In einer rücksichtslosen Konkurrenzgesellschaft finden sich immer Wege, eine humane Bildungspraxis zu umgehen, dem eigenen Nachwuchs

Zertifikate zu ermöglichen, die einen Konkurrenzvorteil ausmachen.[106] Die gegenwärtig zu beobachtende Instrumentalisierung von Bildungsabschlüssen, der Missbrauch von Bildungszertifikaten im Konkurrenzkampf lässt sich aus dem Bildungswesen heraus allein nicht eindämmen. Eher könnte dies die empirisch gut gestützte Botschaft leisten, dass dies ohnehin nicht viel bringt. Die Lebensarbeitseinkommen höherer und niedrigerer Bildungszertifikate gleichen sich eher an und schulische Leistungen und späteres Einkommen sind nur schwach korreliert.

Die Empfehlung, die ich, wenn befragt, Schülern oder Studierenden gebe, lautet: Man solle nicht so sehr darauf achten, von welcher Bildungsleistung man welchen Vorteil haben könnte, sondern was einen inhaltlich interessiert. Der Bildungsweg formt die eigene Identität. Entscheidungen über seine Inhalte entsprechen letztlich einer gewählten Lebensform. Ob das gewählte Leben gelingt, ob es die eigenen Fähigkeiten zur vollen Entfaltung bringt, ob es eine Praxis ermöglicht, die Sinn stiftet und Selbstbestimmung ermöglicht, hängt von seiner inneren Stimmigkeit ab, davon, dass die Autorin ihr eigenes Leben lebt. Die Instrumentalisierung der Bildung

---

106 Heinz Bude gibt eine beeindruckende knappe Analyse dazu am Beispiel des japanischen Bildungssystems, dessen öffentliche Schulen offenbar weitgehend den hier entwickelten Prinzipien einer humanen Bildungspraxis entsprechen, die aber durch private Parallelschulen mit inhumanem Leistungsdruck unterlaufen werden. Vgl. Heinz Bude, *Bildungspanik. Was unsere Gesellschaft spaltet*, München (2011), S. 24–37.

verhindert gerade dies: Autorin des eigenen Lebens zu sein, sich selbst in der eigenen Praxis wiederzufinden, Glück in der Entfaltung der eigenen Fähigkeiten zu erfahren. Nehmen wir das als die lebendige, nach wie vor aktuelle Botschaft humanistischer Bildungsphilosophie.

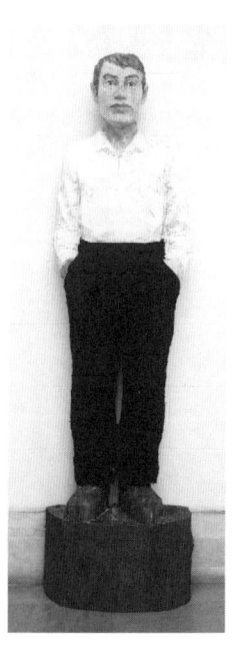

Für das Covermotiv wurde ein
Ausschnitt verwendet von:

Stephan Balkenhol (geb. 1957).
Stehender Mann, 2000. Holz und Farbe.
Maße: 254 x 73,66 x 30,48 cm.
Collection Albright-Knox Art Gallery,
Buffalo, NY.
Sarah Norton Goodyear Fund, 2000.
Foto: Tom Loonan.

Wir danken der Albright-Knox Art
Gallery, Buffalo, NY, für die freundliche
Genehmigung.